O Idílio do Lótus Branco

2ª Edição

O Idílio do Lótus Branco

(com Comentários de T. Subba Row)

Tradução:
Márcio Pugliesi

EDITORA TEOSÓFICA
Brasília-DF

Título do Original em Inglês
The Idyll Of The White Lotus

Nona edição em inglês:
1973, The Theosophical Publishing House
Adyar, Chennai, Índia.

EDITORA TEOSÓFICA, Sociedade Civil
SIG — Quadra 6 — Nº 1235
70.610-460 — Brasília-DF — Brasil
Tel.: (61) 3322-7843
E-mail: editorateosofica@editorateosofica.com.br
Site: www.editorateosofica.com.br

C 712 ***O Idílio do Lótus Branco***
Mabel Collins

Brasília, 2018 - 2ª Ed.

ISBN 85.85961-28-7

Assunto: Romance Ocultista

CDD 130

Capa
Branco Medeiros
Diagramação
Reginaldo Alves Araújo
Revisão:
Carlos Cardoso Aveline e
Zeneida Cereja da Silva

Sumário

Dedico esta obra
AO VERDADEIRO AUTOR,
que a inspirou

Prefácio

Esta é uma história que foi contada em todas as eras e entre todos os povos. É a tragédia da Alma. Atraída pelo Desejo – o elemento regulador da natureza inferior do Homem, submete-se ao pecado. Confrontada consigo mesma pelo sofrimento, volta-se em busca de auxílio para o Espírito interior que redime. E no sacrifício final, completa sua apoteose e lança bênçãos sobre a humanidade.

Prólogo

Estou só, um entre muitos, um indivíduo isolado em meio à multidão. E estou só porque entre todos os homens sábios, meus irmãos, apenas eu era o que sabia e ensinava. Ensinava os crentes no pórtico em nome do poder do santuário. Não tinha escolha, uma vez que na profunda escuridão do mais sagrado santuário contemplei a luz da vida interior, fui levado a revelá-la e por ela cresci e tornei-me forte. Pois de fato, ainda que eu tenha morrido, foram precisos dez sacerdotes do templo para consumar minha morte e, mesmo assim, tolamente se julgaram poderosos.

Livro 1

Capítulo 1

Antes mesmo de ter barba no rosto, passei pelos portais do templo para começar meu noviciado com vistas ao sacerdócio.

Meus pais eram pastores no campo, e eu jamais havia ultrapassado os muros da cidade, exceto no dia em que minha mãe me levou ao portão do templo. Era um dia festivo na cidade. Ela me levou até lá e então partiu para gozar do breve feriado entre as paisagens da cidade.

Eu estava dominado pela multidão e pelo ruído das ruas. Acredito que minha natureza sempre procurou se entregar a esse grande todo do qual eu era uma pequena parte – e ao entregar-se, devolver a ele a manutenção da vida.

Mas logo saímos da aglomeração. Entramos num planície ampla e verde, por onde corre nosso rio sagrado e amado. Posso ainda ver claramente essa cena! Às margens do rio, os telhados esculpidos e os ornamentos deslumbrantes do templo e das construções próximas, cintilando no dia claro. Eu não sentia medo, embora não tivesse expectativas definidas. Mas me perguntava se a vida no interior desses portais seria tão magnífica quanto me parecia que deveria ser.

No portal um noviço vestido de preto conversava com uma mulher da cidade. Ela pedia que suas vasilhas com água fossem benzidas por um dos sacerdotes para depois vendê-las por um alto preço à população supersticiosa.

Olhei através do portal onde esperávamos pela nossa vez e vi algo que me atemorizou. Permaneci assombrado por longo tempo, mesmo depois de ter me familiarizado com a cena.

Um dos sacerdotes, vestido de branco, caminhava lentamente pela ampla avenida em direção ao portal. Jamais havia visto um desses sacerdotes vestidos de branco anteriormente, exceto na única vez em que visitara a cidade, quando vi vários deles no barco sagrado, em uma procissão fluvial.

Mas agora essa figura estava próxima de mim, aproximava-se – prendi a respiração.

O ar estava parado, e as vestimentas imponentes do sacerdote pareciam não poder se mover nem com a brisa. Seu passo tinha o mesmo ritmo equilibrado. Ele se movia, mas seu modo de andar era muito diferente das pessoas comuns. Seus olhos estavam voltados para o chão. Tinha um belo porte e cabelos loiros. Sua barba era longa e espessa, mas em minha fantasia se parecia com uma escultura estranhamente imóvel. Não podia imaginá-la agitada pelo vento. Parecia-me firmemente talhada em ouro e firmada para a eternidade. Ele me impressionou muito, pois parecia uma pessoa totalmente afastada da vida comum.

O noviço olhou em torno, tendo sua atenção atraída provavelmente pelo meu olhar intenso, uma vez que nenhum som causado pelo caminhar do sacerdote chegara a meus ouvidos.

– Ah! – disse ele – eis o sagrado sacerdote Agmahd; vou falar com ele.

Fechando o portão atrás de si, caminhou em direção ao sacerdote, que curvou sua cabeça levemente. O homem voltou e, tomando as vasilhas de água da mulher, levou-as para o sacerdote, que impôs as mãos sobre elas, por um momento.

A mulher recebeu as vasilhas de água e ficou muito agradecida, e nós seguimos para tratar dos nossos assuntos.

Fui deixado com o noviço vestido de preto. Eu não estava triste, mas, sim, consideravelmente perplexo. Jamais tivera grandes cuidados ao cuidar das ovelhas de meu pai, e agora estava prestes a tornar-me algo diferente do comum dos homens. Essa idéia levaria minha pobre natureza humana a testes mais severos que o de deixar sua casa para sempre e entrar finalmente num novo e inédito tipo de vida.

O portão fechou-se atrás de mim, e o homem vestido de negro trancou-o com uma grande chave que retirou de sua cintura. Mas isto não me deu uma sensação de aprisionamento, apenas a consciência de retiro e separação. Quem poderia associar aprisionamento a uma vista como a que se me apresentava!

As portas do templo ficavam em frente ao portal, no outro extremo de uma larga e bela avenida. Não se tratava de uma avenida natural formada por árvores plantadas no solo e crescendo a seu bel-prazer. Era formada por grandes vasos de pedra em que tinham sido plantados arbustos enormes, mas evidentemente arrumados e modelados naqueles estranhos arranjos. Entre cada par de arbustos havia um bloco quadrado de pedra, em cima do qual estava uma figura esculpida. Essas figuras mais próximas do portal eram esfinges e grandes animais com cabeças humanas; porém não ousei mais lançar-lhes olhares curiosos, uma vez que caminhava perto de mim, no curso regular da sua caminhada para cá e para lá, o sacerdote da barba dourada, Agmahd.

Caminhando ao lado de meu guia, mantive meus olhos voltados para o chão. Quando ele parou, percebi que meus olhos se fixavam na borda da vestimenta branca do sacerdote, delicadamente bordada com dourado, e isso era suficiente para absorver minha atenção e me deixar maravilhado por um instante.

– Mais um noviço! – ouvi uma voz muito calma e suave dizer.

– Coloque-o na escola, é muito jovem ainda. Levante os olhos, menino, não tenha receio.

Olhei para cima, encorajado, e encontrei o olhar do sacerdote. Seus olhos – vi mesmo em meu embaraço – oscilavam entre o azul e o cinza. Mas por mais suaves que fossem, não me encorajaram tanto quanto sua voz. Eram calmos, sim, cheios de conhecimento, mas deixaram-me trêmulo. Despediu-se de nós com um aceno de mão e prosseguiu sua caminhada ao longo da grande avenida, enquanto eu, ainda mais trêmulo, segui caladamente meu silencioso guia. Entramos pela grande porta central do templo, cujas laterais eram formadas por imensos blocos de pedra não-trabalhada. Uma espécie de medo começara a crescer dentro de mim após a perquirição dos olhos do sagrado sacerdote, e então olhei para esses blocos de pedra com uma vaga sensação de terror. No interior vi que da porta central seguia uma passagem em linha reta até a avenida. Mas esse não era o nosso caminho. Viramos para o lado e entramos numa rede de pequenos corredores, passando por algumas salas pequenas e vazias.

Entramos finalmente num amplo e belo aposento. Estava inteiramente vazio, com apenas uma mesa num canto. Suas proporções eram tão grandiosas e sua estrutura tão elegante que mesmo não tendo experiência com arquitetura fiquei muito impressionado e satisfeito com o que estava vendo.

Na mesa estavam outros dois jovens copiando ou desenhando algo que não pude ver o que era. Em todo caso, percebi que estavam muito ocupados e admirei-me de que mal tivessem voltado suas cabeças para nos olhar. Mais adiante, pude ver que atrás de uma das projeções da grande pedra da parede estava um velho sacerdote, vestido de branco, lendo um livro que estava sobre seus joelhos.

Não se apercebeu de nossa presença até que meu guia inclinou-se respeitosamente diante ele.

– Um novo aluno? – disse, e olhou penetrantemente para mim com o olhar sombrio – O que ele sabe fazer?

– Não muito, imagino, disse meu guia, falando com um leve tom de menosprezo. – Era apenas um pastorzinho.

– Um pastorzinho, repetiu o velho sacerdote; – então não serve para cá. Será mais útil no jardim. Você por acaso sabe desenhar ou copiar escritos? – perguntou, voltando-se para mim.

Eu havia aprendido apenas um pouco, pois a cópia e o desenho eram ensinados somente nas escolas sacerdotais e em pequenas escolas particulares, fora do sacerdócio.

O velho sacerdote olhou para minhas mãos e voltou-se para seu livro.

– Ele poderá aprender – disse – mas estou muito atarefado agora para ensiná-lo. Preciso de mais pessoas para me ajudarem, mas com esses escritos sagrados que devem ser copiados agora, não posso parar para ensiná-lo. Leve-o para o jardim, pelo menos por enquanto, e verei o que posso fazer por ele mais adiante.

Meu guia deu meia volta para sair, e eu o segui, dando ainda um último olhar ao magnífico lugar.

Seguimos por uma passagem longa, fria e escura. No final havia um portão em lugar de uma porta, e então meu guia fez soar um sino barulhento.

Esperamos em silêncio. Ninguém veio atender-nos, e meu guia tocou o sino novamente. Mas eu não tinha pressa. Com o rosto junto ao portão, olhei para um mundo tão mágico que pensei comigo mesmo: Não me importaria se o sacerdote de olhar sombrio me deixasse por ora trabalhando no jardim.

Eu havia caminhado por estradas poeirentas e quentes, da minha casa até a cidade, e as ruas pavimentadas eram extremamente incômodas para meus pés acostumados ao campo. Além dos portais do templo eu havia passado apenas pela grande avenida, onde tudo me atemorizava profundamente. Mas aqui havia um mundo delicado e esplendorosamente refrescante. Eu jamais havia visto um jardim como este, profundamente verde, com o murmúrio da água tranqüila, pronta a servir o homem e refrescar em meio ao calor abrasante que contrastava com a beleza das cores e a florescência pujante do jardim.

O sino soou pela terceira vez e então vi, através do verdor das folhas, um vulto vestido de preto vindo em nossa direção. Que estranha era aquela vestimenta negra! E pensei consternado que eu também deveria vestir-me desse modo de agora em diante e vagar entre as belezas voluptuosas desse lugar mágico como uma criatura perdida nas sombras.

O vulto aproximou-se, roçando sua roupa na delicada folhagem. Olhei subitamente com interesse para o homem que se aproximara e a cuja tutela, supunha, eu seria confiado. E tanto quanto pude ver, seu rosto despertaria interesse em qualquer coração humano.

Capítulo 2

– O que é? – perguntou o homem impertinentemente, assim que nos olhou através do portão. – Levei fruta de sobra para a cozinha esta manhã. E não posso dar a vocês mais flores hoje; tudo que tenho para colher será requisitado para a procissão de amanhã.

Não estou pedindo suas frutas ou flores – disse meu guia, em tom altivo. – Trouxe-lhe um novo aluno, é só.

Ele então abriu o portão e me deixou passar, fechando-o logo atrás de mim. Seguiu caminhando pelo longo corredor (que agora, visto do jardim, parecia muito escuro) sem dizer uma palavra.

– Um novo aluno para mim! E o que irei lhe ensinar, pequeno camponês?

– Olhei para o estranho homem em silêncio. Como poderia dizer o que teria ele para me ensinar?

– São os mistérios do crescimento das plantas que você deseja aprender? Ou os mistérios do crescimento do pecado e da impostura? Não, criança, não olhe para mim, mas pondere minhas palavras e progressivamente as entenderá. Agora, venha comigo e não se assuste.

Tomou minha mão e me levou por sob as altas plantas em direção ao som da água. Quão esquisito pareceu a meus ouvidos este ritmo doce e musical!

– Esta é a casa de nossa Senhora do Lótus – disse o homem. Sente-se aqui e olhe para sua beleza enquanto trabalho, uma vez que tenho coisas a fazer em que você não pode me ajudar.

Não relutei nem um pouco em sentar na grama verde e apenas olhar – olhar maravilhado, deslumbrado, fascinado!

Essa água de voz tão suave vivia apenas para alimentar a rainha das flores. Disse comigo mesmo: "és realmente a Rainha de todas as flores imagináveis".

E olhei sonhadoramente em meu entusiasmo juvenil para aquele botão branco que, com seu delicado coração salpicado de dourado, me parecia ser o verdadeiro emblema do amor romântico e puro; e, enquanto eu olhava, a flor pareceu mudar de dimensão, ampliando-se e aproximando-se de mim. Avistei então, bebendo no murmúrio da água doce, curvando-se para levar suas refrescantes gotas até seus lábios, uma mulher de pele clara e cabelos brilhantes como ouro em pó. Fascinado, olhei e tentei aproximar-me dela, mas antes que pudesse fazer qualquer movimento, desmaiei. Só voltei a mim depois, quando já estava deitado na grama, sentindo a água fresca no rosto. Abri os olhos e vi o jardineiro, com um olhar estranho, vestido de preto, diante de mim.

– O calor foi demasiado para você? – perguntou demonstrando perplexidade – Você parece um rapaz muito forte para desmaiar com o calor, e ainda mais num lugar fresco como este.

– Onde está ela? – foi minha única pergunta, enquanto tentava erguer-me sobre o cotovelo olhando por entre os lírios.

– Quê! – exclamou o homem mudando todo seu aspecto e assumindo uma suavidade que eu nunca imaginara pudesse ver em um rosto tão inexpressivo – Você a viu? Ou estou me apressando ao presumir isso! O que você viu rapaz? Não hesite em me contar.

A delicadeza de sua expressão auxiliou meus sentidos dispersos e perturbados a se coordenarem. Contei o que tinha visto e, enquanto falava, olhava para o canteiro de lírios, esperando realmente que a bela mulher mais uma vez viesse abrandar sua sede naquela correnteza.

A expressão do meu estranho mestre gradualmente se alterava enquanto eu lhe falava. Quando terminei a descrição da bela dama, com o entusiasmo de um menino que nunca vira nada além de sua própria raça de pele parda, ele caiu de joelhos a meu lado.

– Você a viu! – disse, numa voz tremendamente animada. – Graças! Você está destinado a ser um mestre entre nós – um arrimo para o povo – um vidente!

Desconcertado por suas palavras, eu apenas o olhava em silêncio. Após um momento fiquei assustado, pois me ocorreu que ele poderia estar louco. Olhei em volta, pensando se poderia correr para o templo e escapar dele. Mas enquanto me debatia comigo mesmo se devia arriscar, ele se ergueu e sorriu suavemente, o que parecia encobrir a feiúra de seu rosto.

– Venha comigo! –, ele disse. Levantei-me e o acompanhei. Atravessamos o jardim, tão cheio de atrações para meus olhos inquietos, que me atrasava pelo caminho. Ah! Flores tão delicadas! Púrpura tão rica e carmesim profundo! Era difícil não parar e inalar o perfume de cada um daqueles botões, embora ainda parecesse, em minha tão recente adoração, que sua beleza era apenas um reflexo da suprema beleza do lótus branco.

Fomos por um portão do templo diferente daquele pelo qual eu havia entrado no jardim. Ao nos aproximarmos, surgiram dois sacerdotes com as mesmas vestes de linho branco que usava o sacerdote de barbas douradas, Agmahd. Estes homens eram negros; e muito embora caminhassem com similar majestade e equilíbrio, como se de fato fossem o fruto mais bem enraizado da terra, ainda assim, a meus olhos, faltava-lhes um quê característico do sacerdote Agmahd – uma certa perfeição que incluía calma e autoconfiança. Logo vi que eram mais jovens que ele; talvez estivesse aí a diferença. Meu mestre de rosto sombrio afastou-os para um lado, deixando-me estar à agradável sombra daquela espessa arcada. Falou a eles ansiosamente, mas não sem reverência, é claro;

enquanto eles ouviram, interessados, olhando para mim de vez em quando.

Acabaram vindo ter comigo, e o homem de preto voltou-se andando pela grama, talvez retornando pelo caminho por onde viéramos. Os sacerdotes de branco, avançando pelo portal, confabulavam aos sussurros. Chegando a mim fizeram sinal para acompanhá-los, e obedeci. Cruzamos corredores frescos, de teto alto, por onde eu olhava a esmo, como de costume, prestando atenção a todos os lugares por onde passava; e eles, sempre à minha frente, continuavam a sussurrar, lançando olhares para mim vez ou outra, sem que eu entendesse o significado de tudo aquilo.

Enfim se desviaram dos corredores e entraram num salão semelhante àquele que eu já vira, onde o velho sacerdote instruía seus copistas. Este era dividido por uma cortina bordada que caía em dobras majestosas do elevado teto ao chão. Sempre amara as coisas belas e me chamou a atenção o modo como a cortina, ao tocar o chão, permanecia firme devido à riqueza do trabalho em ouro sobre ela.

Um dos sacerdotes avançou e, afastando um pouco para o lado a cortina, disse: – Meu senhor, posso entrar?

Recomecei a tremer um pouco. Eles não haviam olhado severamente para mim, no entanto como poderia adivinhar que prova me esperava? Olhava atemorizado para a linda cortina e imaginava, com um medo natural, quem poderia estar sentado atrás dela.

Não tive que ficar longamente receando não sei o quê. Em breve o sacerdote que entrara retornou juntamente com Agmahd, o sacerdote da barba dourada.

Não se dirigiu a mim, mas aos outros: "Esperem aqui com ele, enquanto vou ter com meu irmão Kamen Baka".

E assim dizendo, novamente nos abandonou na grande sala de pedra. Meus receios retornaram, triplicados. Se o pomposo sacerdote me tivesse dirigido um olhar com alguma bondade, nada temeria, mas de novo estava mergulhado em receios vagos do que viria a ser de mim; e também estava enfraquecido pelo desmaio que tão recentemente me prostrara. Abalado, deixei-me cair num banco de pedra que se estendia ao longo da parede, enquanto os dois sacerdotes de cabelos escuros conversavam.

Creio que aquela expectativa em seguida me causaria outro lapso de consciência, mas fui despertado subitamente de minhas dúvidas pela entrada de Agmahd, acompanhado por outro nobre sacerdote. Tinha a pele e os cabelos claros, mas não era tão louro quanto Agmahd; tal como este, exteriorizava a majestosa serenidade que fazia de Agmahd objeto de minha mais profunda admiração; e em seus olhos escuros havia uma benevolência que ainda não encontrara em sacerdote algum. Eu me senti mais reconfortado ao contemplá-lo.

– Ei-lo – disse Agmahd em sua fria voz musical.

Por que, eu pensava, eles falam a meu respeito? Eu era apenas um noviço, há pouco entregue a meu mestre.

– Irmãos – exclamou Kamen Baka – não seria melhor dar-lhe a veste branca do vidente? Levem-no aos banhos; que ele se banhe e seja ungido. Então eu e Agmahd, meu irmão, iremos vesti-lo de branco. Por isso, vamos deixá-lo repousar enquanto informamos o colégio dos sumos sacerdotes. Tragam-no aqui depois de se ter banhado.

Os dois sacerdotes mais jovens levaram-me da sala. Comecei a perceber que pertenciam a uma ordem inferior do sacerdócio e vi que suas vestes brancas não tinham nenhum belo brocado de ouro, mas eram marcadas com linhas pretas e tinham as barras bordadas.

Que delicioso, após todo meu cansaço, foi o banho aromático para o qual me levaram! Consolou e acalmou até minha alma. Quando saí, fui ungido com um óleo suave, e então me envolveram num lenço de linho e trouxeram-me frutas, bolos e uma bebida fragrante que parecia me dar forças e estimular-me. Então fui novamente levado à câmara onde os dois sacerdotes me esperavam.

Lá estavam, com um outro da ordem inferior, que tinha nas mãos uma fina roupa branca de linho. Então os dois sacerdotes me vestiram com a roupa branca. Depois juntaram suas mãos sobre minha cabeça, e os outros sacerdotes ajoelharam-se onde estavam.

Eu não sabia o que significava tudo aquilo; comecei a ficar assustado novamente. Mas já com o meu corpo revigorado, quando terminaram as cerimônias, enviaram-me com os dois sacerdotes menores, com quem já sentia alguma familiaridade, e me senti mais animado e meus passos se tornaram mais leves.

Levaram-me a uma saleta onde havia um longo leito, baixo, coberto com um lençol de linho. Nada mais havia na sala e senti mesmo que meus olhos e cérebro podiam ficar repousando por alguns momentos, pois quanta coisa eu já havia visto desde que entrara no templo pela manhã! Há quanto tempo parecia ter deixado a mão materna naquele portal!

– Descanse em paz – disse um deles. – Durma bastante, pois será acordado nas primeiras horas frias da noite!

E assim me deixaram.

Capítulo 3

Deitei-me em meu leito, que era suficientemente macio e acolhedor ao meu corpo fatigado, e rapidamente mergulhei num sono profundo, sem me dar conta da estranheza do ambiente. A saúde e a confiança da juventude permitiram-me esquecer a novidade de minha posição e mergulhei no luxo temporário do completo repouso. Assim que entrara naquele aposento e olhara para aquele leito, me perguntara para onde teria ido a paz de espírito da minha infância ingênua.

Quando despertei estava tudo completamente escuro; sentei-me logo, totalmente consciente da presença de alguém no aposento. Meus sentidos estavam confusos, pois havia despertado repentinamente. Pensei estar em casa, e que fosse minha mãe velando silenciosamente ao meu lado.

– Mãe, gritei, o que está acontecendo? Por que está aqui? Está doente? Extraviou-se a ovelha?

Por um momento não houve nenhuma resposta, e meu coração começou a bater rapidamente, quando me dei conta em meio à escuridão de que não estava em casa – e sim num lugar novo – e de que não sabia quem velava silenciosamente em meu quarto. Pela primeira vez senti saudade do meu pequeno quarto familiar e do som da voz de minha mãe. E, embora me considerasse um rapaz valente, pouco dado a fraquezas femininas, deitei-me novamente e chorei alto.

– Tragam luzes – disse uma voz calma; – ele está acordado.

Ouvi sons, e então uma forte fragrância invadiu minhas narinas. Imediatamente depois, dois jovens noviços entraram pela porta, carregando lâmpadas de prata, que trouxeram subitamente uma luz vívida ao quarto. Então vi – e a visão sobressaltou-me tanto que parei de chorar e esqueci minhas saudades de casa – vi que meu quarto estava praticamente tomado por sacerdotes vestidos de branco, todos imóveis. Nada de estranhar, portanto, que eu tivesse a sensação de presença humana em meu quarto. Eu estava circundado por uma silenciosa multidão de homens semelhantes a estátuas, com os olhos fixos no chão e as mãos cruzadas sobre o peito. Afundei-me de novo na cama e cobri o rosto; as luzes e a multidão de rostos me deixaram arrasado; quando me recuperei do aturdimento, comecei a chorar novamente, com as idéias completamente confusas. A fragrância tornou-se mais forte e mais intensa. Parecia que todo o quarto cheirava a incenso; e, abrindo os olhos, vi que um jovem sacerdote segurava, a cada um de meus lados, os vasos que continham o incenso. O quarto, como já disse, estava repleto de sacerdotes; mas havia um círculo interior mais próximo do meu leito. Olhei para os rostos desses homens com profundo interesse. Entre eles encontravam-se Agmahd e Kamen, e os outros tinham a mesma expressão de imobilidade que me afetara tão profundamente. Olhei cada rosto e cobri meus olhos novamente, trêmulo. Eu me senti como que emparedado em uma barreira impenetrável; estava aprisionado, com estes homens a meu redor, por algo infinitamente mais inexpugnável que muralhas de pedra. Finalmente o silêncio foi quebrado. Agmahd falou.

– Levante-se, criança, e venha conosco. Levantei-me, obedientemente, embora na verdade preferisse permanecer só, na escuridão de meu quarto, a acompanhar essa multidão estranha e silenciosa. Mas não tive outra escolha senão concordar, quando dei com os frios e impenetráveis olhos azuis de Agmahd. Percebi que ao mover-me era cercado pelos componentes do círculo interno. Eles caminhavam à frente, atrás e ao meu lado, ao passo que, os outros, de modo ordenado, mantinham-se distantes do centro. Atravessamos um longo corredor até atingirmos a grande porta de entrada do templo. Estava aberta, e eu me senti aliviado, como se estivesse vendo a face de um velho amigo, pelo relance que tive da abóbada estrelada, lá fora. Mas o vislumbre foi breve. Paramos ainda dentro das grandes portas e alguns sacerdotes trancaram-nas. Voltamos então para o grande corredor central, que eu observara logo que cheguei. Percebi que, embora tão espaçoso e belo, possuía apenas uma porta, com um arco profundo, diretamente no final dele, fazendo frente para a grande avenida do templo. Perguntei-me, em vão, para onde aquela porta solitária poderia dar.

Tomaram de uma pequena cadeira e colocaram-na no meio do corredor. Disseram-me que me sentasse nela, de frente para aquela porta. Obedeci, silenciosamente e alarmado. Que significaria esta estranha coisa? Por que deveria eu sentar, com os sumos sacerdotes a meu lado? Que provação me esperava? Mas havia resolvido ser valente e não ter medo. Não estava também vestido com puro linho branco? Na verdade não estava bordada em ouro, mas tampouco estava ponteada com preto como a dos sacerdotes mais jovens. Era totalmente branca; e dizendo-me que isto era uma espécie de distinção, tentei, com essa idéia, sustentar minha coragem vacilante.

O incenso tornou-se tão forte que confundia minha cabeça. Não estava acostumado com os perfumes que os sacerdotes esbanjavam.

Subitamente, sem nenhuma palavra ou qualquer sinal de preparação, as luzes foram apagadas e me encontrei novamente na escuridão, cercado por uma multidão muda e estranha.

Tentei concentrar-me e descobrir onde estava. Lembreime de que muitas pessoas estavam atrás de mim, que à minha frente os sacerdotes se separaram, e assim, não obstante o círculo interior ainda me separasse dos outros, eu estava olhando, quando as luzes se apagaram, diretamente para o fundo do corredor em direção ao portal arqueado.

Estava alarmado e abatido. Eu me encolhi na cadeira, tentando ser corajoso caso fosse necessário e permanecendo tão quieto e discreto quanto possível. Fiquei com muito medo das calmas fisionomias daqueles sacerdotes que eu sabia estarem imóveis ao meu lado.

A quietude absoluta das pessoas ali atrás me enchia de terror e espanto. Em certos instantes alarmava-me tanto que imaginava se poderia escapar de entre os sacerdotes sem que me percebessem, se me levantasse e fugisse pelo corredor. Mas não ousava; o incenso, combinado aos efeitos da bebida e toda aquela quietude causavam-me um torpor estranho.

Os meus olhos estavam semicerrados, e pensei que logo poderia cair adormecido, mas minha curiosidade foi estimulada ao perceber uma réstia de luz despontando pelas frestas da porta no fim do corredor. Arregalei os olhos para ver que lenta, muito lentamente, a porta se abria. Enfim estava meio aberta, e uma luz branda e difusa saía por ela. Mas do nosso lado do corredor estava completamente escuro e não se ouvia um som ou sinal de vida, exceto a respiração baixa e suave dos que me rodeavam.

Logo em seguida fechei os olhos, pois estavam ardendo de tanto fixar a escuridão. Quando os abri novamente, me deparei com um vulto, logo junto à entrada. Seu perfil podia ser perfeitamente visto, mas a fisionomia estava obscurecida em função da luz estar atrás; mas, por irracional que pareça, repentinamente tive um sobressalto – minha pele se arrepiou e tive de me segurar para abafar um grito. Este sentimento intolerável se intensificou, pois o vulto avançou para mim devagar e de uma forma estranha. Discerni, então, ao se aproximar, como que uma veste escura que quase lhe velava totalmente a cabeça e o corpo. Porém não conseguia ver muito bem, pois a luz vinda da porta pouco avançava. Mas minha agonia aumentava à medida que o vulto deslizante – gerando uma espécie de claridade à volta e iluminando suas vestes escuras – aproximava-se de mim. Todavia esta luz não tornava nada mais visível. Por um esforço gigantesco afastei meus olhos fascinados da misteriosa figura e virei a cabeça, esperando discernir os sacerdotes a meu lado. Mas não se viam seus vultos – era tudo uniformemente escuro. Isto me deixou mais aterrorizado, e gritei – com agonia e medo –, enterrando a cabeça em minhas mãos.

A voz de Agmahd veio a meus ouvidos.

– Nada tema, minha criança – disse ele com seu tom melodioso e imperturbável.

Fiz um esforço para me controlar amparado por este som, que ao menos era mais familiar e menos terrível do que a figura velada que se postava diante de mim. Lá estava – não perto, mas o bastante para encher minha alma de um terror sobrenatural.

– Fale, criança – repetiu a voz de Agmahd – e conte-nos o que o atemoriza.

Não me atrevia a desobedecer, se bem que minha língua se pregasse ao céu da boca; e surpreendentemente fui capaz de falar mais facilmente do que imaginara.

– O quê!? – exclamei. – Você não está vendo a luz na porta, e a pessoa velada? Oh! Mande-a embora; estou assustado!

Um murmúrio abafado parecia emergir instantaneamente de todos os sacerdotes. Evidentemente minhas palavras os excitaram. E então, de novo, a calma voz de Agmahd:

– Nossa rainha é bem-vinda, e a ela toda reverência.

A figura velada impulsionou a cabeça e avançou um pouco. Agmahd falou mais uma vez, após uma pausa de silêncio total.

– A nossa senhora não poderia dar maior visão a seus súditos e transmitir-lhes suas ordens tal como antes?

O vulto inclinou-se e pareceu traçar algo no chão. Olhei e vi as palavras em letras de fogo que sumiam à medida que eram escritas:

– Sim, mas a criança deve entrar em meu santuário a sós comigo.

Vi as palavras, realmente, e meu corpo tremia de horror. A forma assustadora e ininteligível da criatura velada era tão poderosa que eu preferiria morrer a obedecer a uma tal ordem. Os sacerdotes estavam calados, e deduzi que assim como o vulto, também as ígneas letras lhes eram invisíveis. Pensei que se assim era, por mais estranho e incrível que parecesse, então eles não sabiam da ordem. Paralisado como estava, como poderia forçar-me a articular as palavras que trariam sobre mim uma provação tão temível?

Continuei calado. O vulto fixou-me subitamente e de novo traçou as letras de fogo evanescentes: – Transmita minha mensagem.

Mas eu não podia; com efeito o horror tornava isso fisicamente impossível. Minha língua estava inchada e parecia encher minha boca.

O vulto dirigia-se a mim num gesto irritado e veemente. Com um rápido e deslizante movimento aproximou-se de mim e puxou o véu de sua face.

Meus olhos pareciam saltar das órbitas com aquele rosto tão perto do meu. Não era assustador, embora os olhos estivessem cheios de um furor gélido.

Mostrava uma ira que não queimava, mas gelava. Não era odioso, mas me enchia de tamanha aversão, como jamais imaginara ser possível, e o horror de tudo isto repousava na antinaturalidade de seu aspecto. Parecia ser formado dos elementos da carne e do sangue, entretanto impressionava-me por ter apenas uma máscara de humanidade – uma temível e corpórea irrealidade – algo feito de carne e sangue, mas sem a vida da carne e do sangue. Num segundo, apinharam-se estes horrores. Então, com um grito cortante, desmaiei pela segunda vez naquele dia – o meu primeiro dia no templo.

Capítulo 4

Quando acordei senti meu corpo coberto com um frio orvalho, e meu corpo parecia sem vida. Deixei-me ficar, indefeso, imaginando onde poderia estar.

Ainda estava escuro e calmo, e de início, o sentimento de solidão me era agradável. Mas logo em seguida minha mente começou a reviver os eventos do dia anterior que pareciam ter durado um ano. A visão da branca flor do lótus intensificava-se diante de meus olhos, mas desvanecia-se, quando minha alma terrificada voava para a lembrança daquela visão posterior e incrivelmente horrível – aquela que, de fato, fora a última, até agora, quando acordara na escuridão.

Novamente, via em minha imaginação aquele rosto erguido – sua fantasmagórica irrealidade, a fixidez frígida de seus olhos cruéis. Eu estava abalado, nervoso, exausto – se bem que agora a visão parecesse apenas ser minha imaginação, gritei alto, amedrontado.

Imediatamente, vi uma luz aproximar-se pela porta do meu quarto, e um sacerdote entrou, carregando uma pequena lâmpada.

Vi que eu estava num quarto no qual não havia entrado antes, com muito conforto. Havia cortinas que o isolavam, e senti um perfume agradável no ar. O sacerdote aproximou-se de mim e inclinou a cabeça.

– Do que precisa o meu senhor? Devo trazer água fresca se está com sede?

– Não estou com sede, respondi. – Estou assustado; assustado com a coisa horrível que vi.

– Não – respondeu ele, é apenas a sua juventude que lhe causa esse medo. O olhar de nossa toda-poderosa senhora sempre faz desmaiar. Não tema, pois você foi honrado pela visão de seus olhos. Que posso trazer para seu conforto?

– É noite? – perguntei, virando-me impacientemente em meu leito macio.

– A manhã já chega – respondeu o sacerdote.

– Oh, que o dia venha! Que o abençoado sol apague de meus olhos o que me faz estremecer! Tenho medo da escuridão, pois nela está aquele rosto maligno!

– Ficarei à sua cabeceira – disse o sacerdote em voz baixa. Pousou a lâmpada de prata numa prateleira e sentou-se junto a mim. Seu rosto assumiu uma expressão fixa, tal qual uma estátua. Seus olhos eram frios e suas palavras, mesmo cheias de simpatia, não tinham calor. Eu me encolhi e fiquei longe dele, pois quando o olhava, a visão do corredor surgia novamente entre nós. Suportei isso por um tempo, tentando reconfortar-me com sua presença; mas não consegui me conter, esquecendo o meu receio de não ser polido que me mantivera até agora tão quieto e obediente.

– Oh! não posso suportar – gritei. – Deixe-me sair, deixe-me ir ao jardim, a qualquer lugar! Isto aqui está repleto daquela visão! Eu a vejo sempre. Não adianta fechar os olhos! Oh! deixe-me, deixe-me ir embora!

– Não se rebele contra a visão – respondeu o sacerdote. Ela surgiu do sacrossanto santuário. Ela o escolheu como alguém diferente dos demais. Você será honrado, e cuidaremos de você. Mas você deve vencer a revolta do seu coração.

Calei-me. As palavras mergulharam como gelo em minha alma. Não as entendi – de fato, era impossível compreender; mas tive muita consciência da frieza do conselho. Após uma longa pausa, em que tentei duramente não pensar, e assim me libertar de meus temores, uma repentina lembrança trouxe-me uma agradável sensação de alívio.

– Onde está o homem preto que vi no jardim, ontem? – perguntei.

– O jardineiro Sebua? Está dormindo em seu quarto. Mas ao nascer do sol acordará e irá para o jardim.

– Posso vê-lo? – perguntei ansiosamente, juntando minhas mãos, em súplica, por recear uma recusa.

– No jardim? Se você está inquieto, abrandará a febre de seu corpo andar pelo orvalho da manhã, por entre as flores frescas. Vou chamar Sebua para buscá-lo, quando o dia clarear.

Suspirei aliviado por meu pedido ter sido facilmente atendido, e dando as costas ao sacerdote permaneci deitado com os olhos fechado, tentando manter todas as visões horríveis ou imaginações à distância, pelo pensamento das delícias que logo seriam minhas quando deixasse o quarto fechado e perfumado artificialmente e fosse respirar o ar puro e suave.

Eu não dizia palavra alguma, esperando pacientemente; e o sacerdote continuava sentado imóvel a meu lado. Por fim, após o que me pareceu horas de cansativa espera, ele se levantou e apagou a lâmpada de prata. Vi então que uma fraca luz acinzentada entrava no quarto pelas altas janelas. – Chamarei Sebua – disse o sacerdote – e o mandarei aqui. Lembre-se de que este é o seu quarto, que de agora em diante lhe pertence. Volte para cá antes das cerimônias da manhã; haverá noviços esperando com um banho e óleo para ungi-lo.

– E como saberei quando voltar? – disse eu, surpreso com a idéia de ser, por um estranho destino, pessoa tão importante.

– Você não precisa voltar até depois da refeição da manhã. Ela é anunciada por um sino, e ademais Sebua irá avisá-lo.

E com estas palavras retirou-se.

Estava cheio de alegria ao pensar no ar livre, que faria reviver meu corpo extremamente cansado; e estava ansioso para encontrar o estranho rosto de Sebua e o suave sorriso que ocasionalmente apagaria sua feiúra. Parecia como se a sua tivesse sido a única fisionomia humana que vira desde quando deixara minha mãe.

Verifiquei se ainda estava com minha veste de linho e pronto para encontrá-lo.

Sim, estava com minha veste branca. Olhei-a orgulhoso, pois nunca vestira nada tão fino antes. Estava tão tranqüilo com a idéia de encontrar de novo Sebua, que fiquei olhando para minha roupa, imaginando o que diria minha mãe, vendo-me usar este linho fino e delicado.

Não demorou muito até que ouvi passos que me despertaram de tais sonhos; o estranho rosto de Sebua apareceu na porta; seu vulto negro avançou para mim. Era feio, sim; grosseiro, sim; negro e sem nenhuma beleza. Porém ao entrar e olhar para mim, o sorriso, de que me lembrava, de novo iluminava seu semblante. Ele era amável, humano!

Estendi minhas mãos para ele ao levantar-me.

– Oh! Sebua! – disse, com meus olhos infantis marejados ao verem a delicadeza de sua expressão. – Sebua, por que estou aqui? O que os faz dizer que sou diferente dos outros? Sebua, diga-me, vou ver de novo aquela figura horrível?

Sebua veio e ajoelhou-se a meu lado. Parecia natural neste negro ajoelhar-se sempre que necessitava demonstrar sua reverência.

– Meu filho, você foi dotado pelo céu com olhos de vidente. Seja corajoso na posse desse dom, e será uma luz em meio à escuridão que está descendo sobre nossa terra infeliz.

– Não quero! – disse, impertinente. Eu não estava com medo dele e precisava expressar a minha revolta. – Não quero fazer nada que me faça sentir tão estranho. Por que dei com este rosto horrível que mesmo agora vem diante de meus olhos apagando a luz do dia?

– Venha comigo, disse Sebua levantando-se, em vez de responder à minha pergunta, e estendendo-me a mão. – Vamos passear entre as flores e falaremos dessas coisas quando a brisa lhe tiver refrescado a cabeça.

Levantei-me sem relutar, e de mãos dadas cruzamos os corredores até chegarmos a uma porta que nos conduziu ao jardim.

Como posso descrever a exaltação que absorvi junto com o ar da manhã? Era uma delícia incomparavelmente maior e mais forte do que qualquer coisa que a Natureza me proporcionara antes. Não só tinha passado de uma atmosfera fechada e perfumada, como não estava acostumado, mas também o estado mental superexcitado e assustado em que estava foi infinitamente abrandado pela noção renovada de que o mundo ainda era belo e natural fora das portas do templo.

Sebua, observando-me, parecia, por alguma sutil simpatia, detectar meus vagos pensamentos e os interpretava para mim.

– O sol ainda se ergue em toda sua grandiosidade, e as flores ainda abrem seus corações à sua saudação. Abra o seu, e fique alegre.

Não respondi. Era jovem e faltavam-me palavras. Não tinha resposta pronta, mas olhei para ele enquanto atravessávamos o jardim, e suponho que meus olhos tenham falado por mim.

– Meu filho, só por causa da noite que passou na escuridão, não há razão para duvidar que a luz continue, além da escuridão. Você não deve recear, ao dormir à noite, que não verá mais o sol pela manhã. Você esteve em uma escuridão mais profunda que a da noite, mas verá um sol mais brilhante do que este.

Eu não entendia, mas as suas palavras davam voltas em minha mente. Não dizia nada, pois o ar calmo e a sua simpatia eram suficientes para mim. Não cuidava de ouvir palavras, ou compreender minhas experiências, agora que estava aqui. Eu era só um menino, e a pura alegria das forças que recuperava fazia-me esquecer tudo o mais.

Isto era natural, e tudo que era natural parecia-me hoje transbordar de encanto. Mas nem bem penetrara no natural e de novo começara a me alegrar com tudo isso, eis que súbita e desavisadamente fui arrancado dele.

Para onde? Ai de mim, o que dizer? Não há palavras adequadas neste mundo para descrever qualquer coisa real que esteja fora do círculo do que é chamado natural.

Sem dúvida, eu estava de pé sobre a grama verde; era certo que eu não partira do lugar em que estava; e Sebua estaria comigo? Apertei sua mão. Sim, ali estava. Mas eu sabia por minhas sensações que estava afastado do natural e que de novo estava dentro daquele mundo de "sensação-visão-som" que eu tanto temia.

Não via coisa alguma – nada escutava – mas estava apavorado, tremendo como as folhas em meio à tempestade. O que estaria para acontecer? O que se aproximava? O que era aquilo que puxava uma nuvem sobre meus olhos? Fechei-os, não ousei olhar. Não ousei encarar as realidades obscuras à minha volta.

– Abra os olhos, meu filho – falou Sebua – e diga-me: nossa senhora está aqui?

Abri os olhos temendo enfrentar o rosto terrível que me enchera de pavor na escuridão da noite. Mas não; por um momento, nada vi, e suspirei de alívio, pois só esperava ver aquele rosto arrogante perto do meu com um ar irritado. Mas num segundo estremeci de alegria. Sebua, sem que eu percebera, me levara para junto do tanque de lótus, e vi, recurvada como antes, para beber da clara correnteza, a bela mulher cujo longo cabelo dourado escondia parcialmente seu rosto.

– Fale com ela! – disse Sebua. – Vejo pelo seu rosto que ela está à sua frente. Oh! fale com ela! Nenhuma vez nesta geração ela falou com seus sacerdotes. – Fale com ela, pois precisamos muito de seu auxílio.

Sebua estava caído de joelhos, a meu lado, como tinha feito ontem. Sua expressão era respeitosa e ansiosa e seus olhos cheios de súplica. Olhando para ele fiquei confuso não sei por quê. Parecia que aquela mulher me chamava, e muito embora Sebua me empurrasse em sua direção, eu não me sentia corporalmente mais perto dela; mas conscientemente parecia estar me dirigindo para o tanque de lírios, até que me inclinando à sua borda toquei suas vestes sobre a superfície da água. Olhei para seu rosto mas não consegui vê-lo. Muita luz se irradiava dele, e era o mesmo que olhar para o sol. Mas senti sua mão tocando minha cabeça, e as palavras que emanavam dele surgiam em minha mente ainda que mal tivesse consciência de ouvi-las.

– Criança de olhos abertos – disse ela – tua alma é pura, e sobre você repousa pesada tarefa. Mas fique junto de mim que estou plena de luz e eu lhe mostrarei como firmar-se.

– Mãe – disse eu – e a escuridão?

Eu mal me atrevi a formular minha pergunta mais claramente. Parecia que se eu falasse daquele rosto terrível, ele apareceria enfurecido diante de mim. Senti um arrepio passando por mim através das mãos dela quando disse essas palavras. Pensei que sua fúria cairia sobre mim, mas sua voz passou à minha consciência tão doce e suave como gotas de chuva, transmitindo o mesmo sentimento de um presente divino que os moradores de uma terra estéril associam ao advento da chuva.

– A escuridão não deve ser temida; deve ser vencida e afastada, à medida que a alma se fortalece na luz. Meu filho, há escuridão no mais secreto santuário do templo porque os devotos ali não podem suportar a luz. A luz do seu mundo é afastada, para que o mundo possa ser iluminado com a luz do espírito. Mas os sacerdotes cegos, escondidos em seu próprio orgulho, reconfortam-se meditando no escuro. Ofendem meu nome recorrendo à escuridão. Diga-lhes, meu filho, que sua rainha não impera nos reinos da escuridão. Eles não têm rainha, não têm guia, senão seus desejos cegos. Esta é a primeira mensagem de que você está encarregado; eles não pediram uma?

Neste momento, pareceu-me estar sendo afastado dela. Agarrei a barra de sua veste, mas minhas mãos estavam sem força; ao soltá-la, também perdi a sensação de sua presença. Estava consciente apenas de um sentimento intolerável de irritação física. Meus olhos fecharam-se inexoravelmente ao me afastar dela. Abri-os com grande esforço. Vi à minha frente só o tanque de lótus cheio de botões que flutuavam majestosamente na superfície das águas. O sol brilhava sobre seus centros dourados, e eu via neles a cor de cabelo louro. Mas uma voz irada, se bem que falasse com uma entonação lenta e ponderada, trouxe-me do meu sonho.

Voltei minha cabeça, e para minha surpresa vi Sebua entre dois noviços, com a cabeça baixa e as mãos cruzadas. Perto de mim estavam os sumos sacerdotes. Agmahd e Kamen. Agmahd estava se dirigindo a Sebua. Logo percebi que estava com problemas por minha causa, mas não pude descobrir o que fizera.

Agmahd e Kamen colocaram-se ao meu lado e entendi que deveria acompanhá-los. Avançamos em silêncio rumo ao templo e penetramos por seus portais escuros.

Capítulo 5

Fui levado ao salão de refeições matinais dos sacerdotes. O recinto estava quase deserto agora. Mas Agmahd e Kamen continuavam conversando em voz baixa junto a uma das janelas, enquanto dois noviços conduziram-me a um lugar à mesa e trouxeram-me bolos, frutas e leite. Eu achava estranho ser servido por aqueles jovens que não me dirigiam a palavra e a quem contemplava com respeito como sendo mais experientes do que eu nos terríveis mistérios do templo. Enquanto eu comia, imaginava por que razão nenhum dos noviços que encontrara antes falava comigo; mas revendo o breve tempo que passara no templo, lembrei-me de que nunca fora deixado a sós com um deles. Mesmo agora Agmahd e Kamen permaneciam no recinto, de modo que, como vi, um silêncio temeroso estampava-se no rosto dos jovens que me serviam. E percebi que sentiam medo, não o medo que se sente de um professor na escola, que usa seus olhos como um comum mortal, mas sim o medo de algum observador mágico de muitos olhos que absolutamente não deve ser enganado. Não notei expressão alguma no rosto de nenhum dos jovens. Agiam como autômatos.

A exaustão que de novo se apossara de mim foi atenuada pela comida; depois da refeição, levantei-me ansiosamente e olhei pela janela para ver se Sebua estava no jardim. Agmahd, entretanto, avançou colocando-se entre mim e a janela, dirigindo-me aquele olhar parado que me fazia temê-lo tão profundamente.

– Venha – disse ele. Acompanhei-o de cabeça baixa, e lá se foi minha nova energia e esperança. Não sabia por quê. Não sabia dizer por que fitava as barras bordadas da veste branca dele, que parecia deslizar tão suavemente sobre o chão à minha frente, com o sentimento de que acompanhava a própria morte.

Minha morte! Agmahd, o típico sacerdote do templo, o verdadeiro líder entre os sumos sacerdotes. Minha morte.

Fomos pelos corredores até darmos naquele mais largo que levava do portão do templo ao santuário interno. Um horror me invadiu ao ver aquele corredor, mesmo com a luz do sol entrando pelo portal e reduzindo a nada as suas sombras indescritíveis. Mas era tão forte o medo que eu sentia de Agmahd que procurava segui-lo em absoluta obediência e silêncio. A cada um de meus passos relutantes eu me aproximava daquela temível porta, da qual na escuridão da noite eu vira a terrível forma emergir. Eu olhava para as paredes com o terror de uma alma penada a observar instrumentos terríveis de tortura espiritual. É impossível, tendo-se uma vez defrontado com a morte com os olhos abertos, não deixar de recordá-la com atenção mais fixa, se bem que repugnante. Assim estava eu em meu terror cego, entre as paredes do longo corredor, que, para minha imaginação, à medida que progredíamos, pareciam fechar-se sobre nós e fechar todo o belo e luminoso mundo onde eu vivera até agora.

Examinando atentamente essas paredes lisas e terríveis, percebi uma pequena porta em ângulo reto com a porta do santuário. Teria escapado a qualquer observador que não estivesse anormalmente tenso; pois as trevas neste extremo do corredor eram de fato espessas, em contraste com a brilhante luz solar que deixamos do outro lado.

Aproximamo-nos desta porta. Como disse, estava em ângulo reto com a parede do santuário. Estava junto da sua porta, mas na parede do corredor.

Meus passos pareciam ser dados independentemente de minha vontade, pois por certo minha vontade me teria levado de volta para a luz do sol, que embelezava o mundo com flores e que parecia fazer da vida uma realidade gloriosa, não um sonho temível e inimaginável!

Mas ali estava ela, a porta, e Agmahd estava com sua mão sobre ela. Ele então se virou e olhou-me.

– Não tenha medo, disse com seu tom calmo e monótono. Nosso santuário é o centro de nosso lar; e apenas sua proximidade basta para encher-nos de força.

Passei pela mesma sensação da primeira vez que Agmahd me encorajou com sua voz, no jardim. Ergui os olhos, com esforço, para os dele, para poder descobrir se havia o mesmo encorajamento em sua linda fisionomia. Mas tudo o que vi foi a intolerável calma daqueles olhos azuis; eram impiedosos, imóveis; minha alma, surpresa, contemplou neles, naquele momento, toda a crueldade de um animal de rapina.

Virou-se, abriu a porta e, passando por ela, segurou-a aberta, para que eu pudesse segui-lo. Segui-o, sim, se bem que meus passos parecessem querer recuar, levando-me para as profundezas.

Entramos numa câmara de teto baixo, iluminada por uma ampla janela, no alto da parede. No local havia cortinas e o acabamento era refinado. Também havia um leito baixo em um canto. Quando meu olhar pousou neste objeto tive um sobressalto, não sei bem por quê. Mas imediatamente pensei que era o leito em que dormira na última noite. Não conseguia olhar para mais nada, se bem que houvesse muitas coisas belas para olhar, pois a câmara estava decorada luxuosamente. Eu só imaginava, de coração apertado, por que aquele leito tinha sido deslocado do quarto onde eu dormira.

Enquanto olhava o leito, perdido em conjecturas, de repente tive consciência do silêncio – do completo silêncio – e da solidão.

Voltei-me rapidamente, alarmado.

Sim! Eu estava só. Ele tinha ido embora – o temível Agmahd fora embora sem nenhuma palavra e deixara-me aqui.

O que poderia significar?

Fui até a porta e forcei-a. Estava bem trancada.

Eu estava prisioneiro. Mas o que isso significaria? Olhei em volta, para as maciças paredes de pedra e para a janela alta; pensei nas vizinhanças do santuário; atirei-me sobre o leito e escondi meu rosto.

Imagino que devo ter ficado deitado lá por horas. Não me atrevia a levantar e fazer o menor barulho. Não tinha a quem apelar senão para os olhos azuis e impiedosos do sacerdote Agmahd. Deitei-me, com os olhos bem fechados, não ousando examinar o aspecto da minha prisão, e rezando para que a noite nunca chegasse.

Era ainda de manhã – disto eu tenho certeza, mesmo não sabendo por quanto tempo estivera no jardim com Sebua. O sol estava alto e entrava pela janela. Constatei isto quando, depois de um bom tempo, voltei-me e olhei em volta do quarto, com um súbito olhar assustado. Tive a impressão de que havia alguém ali; mas, a menos que oculta atrás das cortinas, nenhuma pessoa era visível no quarto.

Não, eu estava só. E enquanto reunia coragem para olhar para o sol que fazia de minha janela algo glorioso para os olhos, comecei a perceber que a luz verdadeiramente ainda existia; e que apesar de minhas recentes e desagradáveis experiências, eu era apenas um menino que gostava da luz do sol.

A atração cresceu e finalmente resultou no desejo de escalar a janela e olhar para fora. Agora que penso no assunto, é tão impossível explicar a paixão que me levara a isto tão ardentemente, quanto explicar os planos curiosos e teimosos de uma mente infantil. De qualquer modo, eu me levantei do leito, eliminando todo temor, agora que eu tinha um propósito suficientemente infantil para seguir. A parede era perfeitamente lisa, mas eu vi que ficando de pé sobre uma mesa logo abaixo da janela eu podia alcançar o seu peitoril com as mãos e erguer o corpo para poder olhar. Logo estava escalando a mesa, mas mal podia atingir a janela com os braços esticados. Dei um pequeno salto, e agarrando o peitoril, consegui erguer-me. Eu admito que parte desta façanha foi uma alegria para mim, pois eu esperava nada mais do que ver os jardins do templo.

O que vi, se bem que não era de surpreender, arrefeceu meu entusiasmo.

O jardim não estava lá. Minha janela dava para um pequeno pátio quadrado, cercado por altos muros lisos. Logo percebi que eram apenas as paredes internas do templo. Aquele pedaço de terra estava encerrado bem no meio das grandes construções, pois eu podia ver colunas e telhados erguendo-se de cada lado, mas as paredes eram lisas. A minha era a única janela existente.

Naquele momento ouvi um leve ruído no quarto e deixando-me cair, fiquei de pé na mesa olhando em volta, preocupado. O som parecia vir de trás de uma pesada cortina que cobria uma parede pela metade. Prendi a respiração, e mesmo a luz do dia, com o sol forte, estava um tanto atemorizado com o que poderia haver. Pois eu não tinha idéia de que havia qualquer outra entrada além da porta pela qual eu tinha passado. Assim, pouco esperava por uma presença propriamente humana.

Estes temores logo desapareceram quando a cortina foi um pouco afastada e um noviço de preto – a quem eu jamais tinha visto – saiu de seu esconderijo. Surpreenderam-me suas maneiras clandestinas, mas não fiquei com medo, porque ele tinha na mão um maravilhoso botão do real lótus branco. Pulei da mesa e adiantei-me sem tirar os olhos da flor. Quando estava bem perto, o noviço falou baixo e depressa: – isto é de Sebua. Guarde-a, mas não deixe que nenhum sacerdote veja. Cuide dela e ela o ajudará quando precisar de socorro. Sebua insiste em que se lembre de tudo quanto lhe transmitiu, e que acima de tudo confie em seu amor pelo que é verdadeiramente belo e em suas simpatias e antipatias naturais. Esta é a mensagem. (E recuou para a cortina.) Estou aqui arriscando minha vida para agradar a Sebua; cuide para nunca chegar perto desta porta ou dar sinal de que sabe que ela existe; ela dá para o quarto particular do sumo sacerdote Agmahd, onde ninguém ousa entrar sem o risco de uma punição intolerável.

– E como você entrou? – perguntei com grande curiosidade.

– Eles estão ocupados com as cerimônias da manhã – todos os sacerdotes – e eu consegui escapar sem ser visto, para vir ter com você.

– Diga-me – exclamei, segurando-o enquanto ele tentava afastar-se pela porta – por que Sebua não veio?

– Ele não pode – está sendo vigiado para não poder se aproximar de você.

– Por que isto? – perguntei desanimado e surpreendido.

– Não posso... – disse o noviço, puxando sua roupa de minha mão – lembre-se das palavras que lhe disse.

Apressadamente passou pela porta fechando-a. Encontrei-me quase sufocado pela pesada cortina e assim que me recuperei desta súbita aparição e desaparição, afastei-me com a flor na mão.

Meu primeiro pensamento – mesmo antes de pensar nas palavras de que deveria me lembrar – foi colocar minha preciosa flor em algum lugar seguro. Segurei-a carinhosamente, como se fosse a forma viva de uma pessoa amada. Olhei em volta ansiosamente, pensando onde ela ficaria escondida e preservada.

Após alguns momentos de apressada inspeção, vi que logo atrás de meu divã havia um canto do qual a cortina se projetava. Ali pelo menos poderia guardá-la por um tempo; teria espaço para respirar e só seria vista se a cortina fosse afastada – e atrás de meu leito parecia o lugar menos provável para que fosse descoberta. Apressadamente a coloquei ali, temeroso de ficar com ela, caso as cerimônias terminassem e Agmahd entrasse no quarto. Escondi-a e procurei um recipiente de água, pois me ocorreu que se não lhe fornecesse um pouco daquele elemento de que tanto necessitava, não viveria muito para ser minha amiga.

Achei um pequeno jarro de argila e coloquei-a nele, imaginando o que diria aos sacerdotes se dessem pela sua falta e me pedissem contas dele. Não saberia o que fazer numa tal emergência; mas se a flor fosse descoberta, só esperava receber alguma inspiração de modo a não inculpar Sebua mais ainda, pois muito embora não pudesse entender por que ou como, era bem evidente que ele tinha sido advertido por algo relativo a mim.

Fiquei sentado no leito, para estar perto de minha amada flor. Quanto desejava poder colocá-la ao sol e admirar sua beleza!

E assim passou o dia. Ninguém veio incomodar-me. Fiquei olhando o sol se deslocar pela janela e depois as sombras da tarde descendo por ela. Eu continuava sozinho. Não creio que fiquei ainda mais assustado. Não me lembro se o cair da noite trouxe consigo qualquer agonia ou temor. Eu estava cheio de uma profunda calma, produzida pelas horas tranqüilas do dia, ou forjada pela linda, porém invisível flor que, entretanto, para mim, estava sempre presente em toda sua beleza radiante e delicada. Não tive nenhuma das visões intoleráveis que não conseguira afastar na noite anterior.

Já estava escuro quando se abriu a porta do corredor e Agmahd entrou seguido por um jovem sacerdote, que me trazia comida e uma taça de algum estranho licor de aroma adocicado. Eu não me moveria de meu leito se não estivesse esperando tanto por comida. Não me lembrara dela antes, mas realmente estava fraco e com muita fome. Levantei-me animado, portanto, e quando o sacerdote me trouxe comida, primeiro bebi o licor – que, de fato, ele me ofereceu primeiro – pois minha exaustão de súbito se evidenciava.

Agmahd observava-me enquanto eu bebia. Quando pousei a taça, ergui meus olhos para ele num novo desafio.

– Vou enlouquecer, disse ousadamente, se me deixar só neste quarto. Nunca fui deixado só por tanto tempo em minha vida.

Falei num impulso repentino. Quando estive passando as longas horas de solidão, estas não me haviam parecido tão terríveis. Mas agora, já compreendendo o mal que fazia esse isolamento, falei do que sentia.

Agmahd dirigiu-se ao jovem sacerdote:

– Deixe a comida e vá buscar o livro sobre o leito em meu quarto.

Ele saiu, obedecendo. Agmahd nada me disse; e eu, tendo falado e não tendo sido aniquilado por isso, como esperava, peguei um bolo da bandeja e alegremente continuei minha refeição.

Cinco anos mais tarde eu não encararia Agmahd dessa forma. Não conseguiria comer logo depois de tê-lo desafiado. Mas agora estava animado pela suprema ignorância e indiferença da juventude. Eu não tinha como avaliar as profundezas do intelecto do sacerdote, a vasta amplidão de sua severa crueldade. Como poderia? Eu era um ignorante. E ademais, nada sabia de sua crueldade – seu objetivo, sua intenção. Estava em completa escuridão. Mas estava bem consciente de que minha vida no templo não era o que eu esperava se continuasse assim; e já alimentava noções infantis de fugir (mesmo pelo terrível corredor), se devesse viver de maneira tão infeliz. Enquanto assim pensava, eu pouco sabia que estava sendo bem vigiado.

Agmahd não disse nada enquanto eu comia e bebia. Finalmente o outro sacerdote abriu a porta e entrou com um grande livro preto em suas mãos. Colocou-o numa mesa perto de meu leito. Uma lâmpada foi então trazida por ele de um canto do quarto e colocada sobre a mesa. Ele a acendeu, e então Agmahd falou:

– Você não estará sozinho se compreender o que está escrito nestas páginas.

Assim dizendo, virou-se e saiu do quarto seguido pelo jovem sacerdote.

Logo abri o livro, e me lembrei daquele tempo em que eu era tão curioso quanto a maioria dos meninos; cada acontecimento, qualquer novo objeto prendia minha atenção no mesmo instante. Abri a capa preta do volume e consultei a primeira página. Estava lindamente decorada com iluminuras, e olhei com prazer as cores antes de começar a soletrar as palavras. Destacavam-se de um fundo cinza em letras de um tom tão brilhante que pareciam fogo. O título dizia: "As artes e os poderes da magia".

Não fazia sentido para mim. Era um menino relativamente iletrado e imaginava que tipo de companhia Agmahd supunha que tal livro pudesse me dar.

Folhei suas páginas a esmo. Eram todas ininteligíveis para mim, não só pelas palavras usadas, como também pelo assunto. Era ridículo ter-me mandado este livro para ler. Bocejei longamente olhando para ele, e fechando-o estava para me reclinar no leito quando percebi que não estava só. Do outro lado da mezinha, onde estavam o livro e a lâmpada, havia um homem vestido de preto. Estava olhando sério para mim, mas quando olhei diretamente para ele, pareceu recuar um pouco. Fiquei pensando como poderia ter entrado tão silenciosamente e ter chegado tão perto de mim, sem ruído.

Capítulo 6

– O que você deseja? – disse o homem numa voz clara, mas muito baixa.

Olhei para ele surpreendido. Era um noviço, parecia, por suas roupas; mas falava como se pudesse satisfazer meus desejos – e isso também sem o tom de um simples servidor.

– Acabo de comer – respondi – ; nada desejo, exceto sair desse quarto.

– Isso – respondeu ele calmamente – logo se consegue. Siga-me.

Olhei-o boquiaberto. Este noviço deve saber de minha posição; deve saber da vontade de Agmahd em relação a mim. Como pode desafiá-lo?

– Não! – respondi – Os sumos sacerdotes me aprisionaram aqui; e se me descobrem escapando serei punido!

– Vem! – foi tudo o que respondeu. E ao falar, ergueu a mão em sinal de comando. Como numa dor física, gritei; não pude perceber por quê. No entanto, sentia que estava sendo apertado como que por um torniquete; sentia que algum poder intolerável agarrava meu corpo e o sacudia. Um segundo depois, estava ao lado de meu misterioso visitante, a mão firmemente presa na dele. – Não olhe para trás – ele exclamou – e acompanhe-me.

E eu o segui. Mas na porta, desejei voltar minha cabeça, olhando para trás; o que consegui com grande esforço.

Não era de surpreender que me ordenasse para não olhar para trás! Não era de admirar que se apressasse em me tirar do quarto, pois quando meus olhos se voltaram fui arrebatado, fascinado – resistindo a seu punho de ferro.

Vi a mim mesmo ou minha forma inconsciente – e então, pela primeira vez, compreendi que meu companheiro não era habitante deste mundo, e que de novo eu estava no mundo das sombras.

Mas minha surpresa foi sobrepujada por outra muito maior, suficiente para me tornar forte contra meu companheiro que me arrastava para fora do quarto.

Inclinada sobre o leito – de pé, atrás dele, naquela encantadora atitude em que a vira na primeira vez, quando bebia água – eu vi a Rainha dos Lótus.

E escutei sua voz. Chegava até mim como o gotejar da água – como o borrifo de uma fonte.

– Acorde, não sonhe mais, nem permaneça sob este encanto maldito.

– Senhora, eu obedeço – murmurei, e instantaneamente uma névoa pareceu envolver-me. Estava vagamente consciente, mas sabia que, em obediência ao desejo da linda rainha, eu estava tentando retornar ao meu estado natural. Aos poucos consegui, e abri pesadamente os olhos cansados, para me deparar com um desolador quarto vazio. O noviço havia ido embora, e eu me sentia grato por isso, mas, infelizmente, a Senhora do Lótus também me deixara. O quarto parecia realmente vazio, e meu coração estava pesaroso enquanto eu olhava a minha volta. Pensava na doce Senhora da Flor, mais como uma linda mãe em meu coração infantil, do que como rainha. Ansiei por sua suave presença. Mas não estava lá. Sabia muito bem que não estava no quarto escondendo-se de mim. Senti sua ausência com minha alma, tanto quanto a percebia com meus olhos.

Levantei-me abatido, pois esta última luta esgotara minhas forças, e fui para o canto atrás de meu leito onde estava escondida minha querida flor. Afastei um pouco a cortina para contemplar meu tesouro. Mas ela já começara a se inclinar. Apressei-me em verificar se realmente lhe havia dado água. Sim, seu caule estava profundamente mergulhado na água. Mas a flor descaía como coisa morta, e o caule dobrara-se inerte pela borda do vaso.

– Minha flor – exclamei, ajoelhando-me a seu lado – você também foi embora? Estou sozinho?

Tomei a lânguida flor do vaso e coloquei-a sobre meu peito, dentro de minha roupa. E então, inconsolável, me joguei de novo no leito e fechei os olhos tentando deixá-los no escuro e sem visões. Mas como poderia fazer isso? Quem conhece a maneira de esconder visões do olho interior, aquele olho que tem o terrível dom da visão que nenhuma treva pode impedir? Não consegui, de modo algum.

A noite havia descido sobre a terra, quando saí de meu longo e silencioso descanso. Havia luar lá fora, e uma réstia de luz prateada entrava pela janela alta e invadia o quarto. Dentro daquele feixe de luz, apareceu a fímbria de uma veste branca bordada de ouro. Reconheci aquele bordado – ergui o olhar lentamente, pois esperava encontrar Agmahd, como de fato era. Estava no limite da sombra fraca. Mas seu porte não podia ser facilmente confundido, mesmo não se vendo seu rosto.

Fiquei totalmente imóvel; mas ele percebeu imediatamente que eu estava acordado.

– Levante-se, disse ele. Obedeci, e fiquei ao lado do leito com os olhos arregalados.

– Beba o que está a seu lado, disse-me. Olhei e vi uma taça cheia de líquido vermelho. Bebi, esperando cegamente que me daria forças para suportar qualquer provação que as horas silenciosas dessa noite poderiam estar destinadas a me trazer. – Venha! – disse-me. Acompanhei-o pela porta. Meio inconscientemente lancei um olhar para a janela com o pensamento de que talvez o ar livre e a liberdade me aguardavam. Subitamente me senti cego – rapidamente levei a mão aos olhos. Uma substância macia estava sobre eles. A surpresa e o medo impediam-me de falar; senti-me apoiado e dirigido para a frente, cuidadosamente. Estremeci ao pensar que devia ser o braço de Agmahd que me amparava, mas não resisti, sabendo que não adiantaria.

Avançávamos lentamente. Eu estava consciente de ter deixado meu quarto e de ter atravessado alguma distância, mas o quanto ou em que direção não conseguia adivinhar, estava completamente desorientado.

Paramos. Agmahd retirou o seu braço de cima de mim, e senti também a bandagem sendo retirada de meus olhos. Abriram-se para uma escuridão tão completa que ergui as mãos para me assegurar que o lenço não estava sobre os meus olhos, mas constatei que estavam livres, porém só viam um muro de profunda e total escuridão. Minha cabeça estava dolorida e entorpecida – os vapores do forte licor que tinha bebido pareciam me confundir. Fiquei imóvel esperando recobrar-me e avaliar o que estava acontecendo comigo.

Enquanto esperava, tomei consciência de uma nova presença perto de mim. Não recuei. Parecia saber que era bela, amiga e gloriosa. Fui tomado de um impulso, um sentimento indescritível de ir em espírito rumo à presença desconhecida.

No meio do silêncio, subitamente veio a voz baixa e suave perto de meus ouvidos.

– Diga a Agmahd que ele está desobedecendo à lei. Somente um sacerdote pode entrar no santuário interno, e ninguém mais.

Eu reconheci a voz da rainha do Lótus como a água líquida. Muito embora não sentisse a presença do sacerdote, sem hesitar obedeci à minha rainha.

– Somente um sacerdote pode entrar no santuário interno – disse eu – e ninguém mais. Agmahd estando aqui a lei é desobedecida.

– Peço para ouvir uma declaração da rainha – veio a resposta no tom solene de Agmahd.

– Diga a ele – falou a outra voz que fazia minha alma vibrar, bem como meu corpo – que se eu pudesse revelar-me na presença dele, não teria esperado por você.

Repeti estas palavras. Não houve resposta, mas ouvi um movimento – passos – e uma porta se fechando suavemente.

Imediatamente uma mão muito suave tocou-me. Simultaneamente tive consciência do toque e de um fraco luzir em meu peito. Num instante senti que a mão estava retirando o lótus murcho que eu havia escondido ali. Mas não tentei evitar isso, pois ao olhar para cima quando uma luz atraiu meus olhos, percebi que estava diante da Rainha dos Lótus. Minha rainha, como em meu coração infantil começara a chamá-la, eu a via vagamente como que envolvida numa névoa sombria, mas clara o suficiente para alegrar-me com sua proximidade. Quando a olhei, vi que segurava contra seu peito a flor murcha que havia tomado do meu. E vi, maravilhado, que a flor de lótus se apagava mais e desaparecia completamente. Mas eu não me lamentava, pois enquanto a flor de lótus desaparecia, ela se tornava mais brilhante e nítida à minha vista. Quando a flor desapareceu completamente, lá estava a rainha a meu lado, clara e distinta, iluminada por sua própria radiação.

Não mais receie – disse ela. – Não podem prejudicá-lo, pois você entrou em minha atmosfera. E muito embora o tenham colocado numa masmorra de vício e mentira, não tenha medo, mas observe tudo e lembre-se do que seus olhos percebem.

As trevas pareceram iluminar-se por suas palavras confiantes e graciosas. Enchi-me de coragem e força.

Ela estendeu a mão e tocou-me suavemente. O toque encheu-me com um ardor que jamais experimentara.

– A flor real do Egito reside sobre as águas sagradas que em sua pureza e paz justificadamente formam sua morada eterna. Sou o espírito da flor; sou sustentada sobre as águas da verdade, e minha vida é formada pelo alento dos céus, que é amor. Mas a degradação de minha morada terrestre, sobre a qual minhas asas amorosas ainda se inclinam, está retirando dela a luz celestial, que é a sabedoria. O espírito do lótus real não pode mais viver nas trevas; a flor se inclina e morre se o sol lhe for retirado. Lembre-se dessas palavras, criança, grave-as em seu coração, pois quando sua mente se tornar capaz de compreendê-las, elas irão iluminá-lo em muitas coisas.

– Diga-me – disse eu – , quando posso de novo visitar os lírios? Você não vai me levar lá amanhã de manhã? Agora é noite, e estou cansado; posso dormir a seus pés, e amanhã estar com você no jardim?

– Pobre criança – disse ela, inclinando-se para mim, de modo que senti sua respiração doce como o perfume das flores silvestres – quão duramente experimentaram você! Fique aqui em meus braços, pois você será meu vidente e iluminará minha amada terra. A força e a saúde devem repousar sobre sua testa como jóias. Cuidarei de você; dorme, criança.

Deitei-me a seu comando, e muito embora soubesse que estava sobre um chão duro e frio, senti minha cabeça repousando sobre um braço suave e também que eu estava sendo acariciado magneticamente. Caí então num sono tranqüilo, profundo, sem sonhos.

No livro secreto de registros de Agmahd, naquela noite, foi escrita uma única expressão: "Em vão".

Capítulo 7

Uma flor branca estava em minha mão quando acordei. Sua beleza enchia meu coração de alegria. Olhei para ela e me senti reanimado e contente, como se tivesse dormido nos braços de minha mãe, e isto era seu beijo em meus lábios, pois eu segurava a flor, um botão de lótus meio aberto, perto de minha boca. De início nem pensei como ela chegara ali. Só contemplei sua beleza e fiquei feliz, pois isso era a prova de que minha rainha, minha única amiga, de fato me guardava.

De repente vi alguém entrar no recinto, embora ao entrar parecesse não ter saído das sombras. Eu estava, como agora me dei conta, no leito do quarto para o qual Agmahd me trouxera. Tinha pouca consciência de como ou em que lugar havia passado as horas escuras da noite, mas senti que fora nos braços dele que fui carregado de volta ao meu leito. Eu estava feliz por estar de novo aqui; feliz por ver esta criança que se aproximava de mim. Era mais jovem que eu e luminosa como o sol. Chegou-se mais perto e então parou; estendi a mão para ela.

– Dê-me a flor – disse ela.

Hesitei, pois a posse da flor fazia-me feliz, mas não podia recusar, pois ela sorria, e ninguém dentro do templo tinha sorrido para mim até agora. Dei-lhe meu botão.

– Ah! – exclamou – há água em suas folhas! E atirou a flor à distância, como se estivesse repugnada. Pulei do meu leito, irritado, para salvar meu tesouro. Instantaneamente a criança apanhou-a de novo e saiu correndo com um grito de alegria... Seguia-a o mais depressa que pude. Eu era só um menino, e como um menino corri atrás dela, pois estava irritado e determinado a não deixá-la levar a melhor. Corremos por salões onde não vimos ninguém, ela cruzava as grandes cortinas e eu a seguia com a rapidez de um menino do campo. Mas de repente, dei de encontro com o que me parecia uma parede de pedra, sólida. Como ela poderia ter-se escondido de mim, se eu estava seguindo-a tão de perto? Voltei-me, com uma fúria apaixonada que me cegava, mas fui silenciado e surpreendido, pois Agmahd estava na minha frente. Será que tinha agido mal? Não podia ser, ele estava sorrindo!

– Venha comigo – disse ele, e falava tão gentilmente que não receei segui-lo. Abriu uma porta, e vi diante de meus olhos um jardim cheio de flores, quadrado e fechado por cercas-vivas, também espessamente cobertas de flores. Este jardim estava cheio de crianças, todas correndo daqui para ali, muito depressa, na complicação de algum jogo que eu não entendi. Havia tantas, e moviam-se tão depressa, que de início fiquei desconcertado, mas de repente vi, entre elas, a criança que me havia levado a flor. Ela a tinha em sua roupa e sorria desafiadoramente, ao ver-me. Mergulhei por entre as crianças imediatamente e pareceu-me, não sabia como, obedecer às leis do jogo, ou dança. Eu pouco sabia do que se tratava, pois se bem que eu me movesse corretamente não sabia qual era seu objetivo. Segui o vulto da menina, perseguindo-a. Não conseguia aproximar-me dela, era muito ágil, mas logo passei a gostar do movimento, da excitação, dos rostos alegres e das vozes risonhas. O perfume das inumeráveis flores me deliciava, e desejei apaixonadamente possuir algumas delas. Esqueci-me do botão de lótus pensando nestas outras, mas continuava na confusão da dança, prometendo-me um grande ramalhete das flores quando a dança acabasse; naquele momento não temia Agmahd ou seu desagrado, mesmo que este jardim fosse dele. Subitamente ouvi um grito de cem vozes alegres.

– Ele ganhou! Ele ganhou!

Era uma bola, uma bola dourada e leve, tão leve que podia jogá-la muito alto no céu, mas sempre retornava as minhas mãos erguidas. Descobria-a a meus pés quando ouvi os outros gritando, e imediatamente soube que a bola era minha. Agora, não havia ninguém mais perto de mim senão a menina que levara a minha flor de lótus. Não estava mais com ela; eu já me havia esquecido da flor. Mas a menina estava sorrindo, e eu ri ao vê-la. Joguei-lhe a bola e ela a jogou de volta para mim de um extremo a outro do jardim.

Então um sino tocou alto e claro no ar. – Venha, – disse ela, é hora da lição, venha. Tomou minha mão e jogou longe a bola. Fiquei olhando para o brinquedo.

– É minha! – disse eu.

– Não serve para nada, agora – respondeu-me ela. – Você precisa ganhar um outro prêmio.

Saímos correndo, de mãos dadas, por um outro jardim que dava para um salão que não vira antes. As crianças, com quem eu tinha brincado, e muitas outras, estavam aqui. O ar era denso e adocicado nesta sala. Não estava cansado, pois há pouco acordara de um longo sono, e a manhã ainda era fresca, mas agora que entrava nesta sala sentia-me cansado e minha cabeça queimava.

Logo cai no sono, ouvindo as vozes das crianças à minha volta. Quando acordei, ouvi um grito como o do jardim. – Ele ganhou! Ele ganhou!

Eu estava sobre uma espécie de trono: um grande assento de mármore. E podia ouvir minha própria voz no ar. Eu estivera falando. As crianças estavam à minha volta, mas agrupadas acima e à volta do trono de mármore. Lembrei-me de que a menina, que me trouxera aqui, dissera que o professor sentava-se neste trono. Por que então estávamos nós, as crianças, aqui? Olhei, e eis que agora a sala estava cheia de sacerdotes. Estavam no lugar dos alunos. Estavam calados e imóveis. De novo ouvi as crianças gritando: – Ele ganhou! Ele ganhou! – Pulei do trono impulsivamente, sem saber por quê. Uma vez de pé acima do chão, notei que as crianças tinham-se ido. Não via nenhuma delas senão a que me trouxera aqui. Ela estava no trono, ria e batia palmas divertidamente.

Tentei imaginar o que lhe agradava tanto, e olhando para baixo vi que eu estava num círculo de sacerdotes de branco, que se prostraram até suas cabeças tocarem o chão. O que isto significava? Não podia adivinhar e fiquei imóvel, aterrorizado, quando de repente a menina exclamou como que respondendo a meu pensamento: – Eles o adoram!

Minha surpresa diante das suas palavras foi tão grande quanto outra surpresa que caiu sobre mim: percebi que só eu ouvia a voz da menina.

Capítulo 8

Fui levado para meu quarto e lá os jovens sacerdotes trouxeram-me comida. Estava com fome, pois ainda não comera nada, e achei a comida excepcional. Os jovens sacerdotes que me trouxeram a comida se ajoelhavam, enquanto a ofereciam para mim. Olhei boquiaberto para eles, pois não sabia por que estavam agindo assim. Muitos deles vinham com frutas, licores deliciosos e flores como eu nunca vira. Grandes ramalhetes eram trazidos e colocados a meu lado e arbustos cobertos de botões eram colocados junto à parede. Soltei uma exclamação de alegria ao vê-las e simultaneamente vi Agmahd à sombra da cortina. Seus olhos estavam sobre mim, frios e severos. Mas eu não tinha mais medo dele, estava cheio de um espírito de alegria que me fazia ousado. Eu ia de flor em flor beijando os botões. Seu rico perfume enchia todo o quarto. Eu estava contente e orgulhoso, pois sentia que não mais precisava ter medo daquele sacerdote frio, imóvel ali, como se entalhado em mármore. Esta sensação de coragem tirou a agonia de minha alma infantil.

Ele se virou e desapareceu ao passar pela cortina, e nesse instante vi de novo a menina a meu lado.

– Veja – disse ela – trouxe-lhe estas flores.

– Você

– Sim, eu disse a eles que você gostava muito de flores. E estas estão viçosas e perfumadas. Cresceram na terra. Está cansado, ou vamos sair e brincar? Sabe que o jardim é nosso, e que a bola está lá? Alguém a trouxe de volta para você.

– Diga-me, por que os sacerdotes se ajoelharam diante de mim, hoje?

– Não sabe? – ela me olhava com estranheza. – É porque você ensinou do trono hoje, e falou palavras sábias que eles entenderam mas não nós. Mas vimos que você ganhou um grande prêmio. Você vai ganhar todos os prêmios.

Sentei-me em meu leito segurando a cabeça entre as mãos e olhava para ela admirado.

– Mas como pude fazer isso sem saber?

– Você será grande quando não lutar; quando você não souber, vai ganhar todos os prêmios. Se você for comportado e feliz, será venerado por todos esses sacerdotes, mesmo o mais ilustrado. Continuei calado por um momento em minha admiração, e então disse:

– Você é muito pequena. Como pode saber tudo isso?

– As flores me disseram – disse ela rindo. – São suas amigas. Mas é tudo verdade. Agora venha brincar comigo.

– Ainda não – disse eu. E realmente sentia minha cabeça quente e pesada, meu coração cheio de assombro. Não conseguia entender o que ela me dizia.

– É impossível que eu tenha ensinado do trono – exclamei.

– Mas foi isso que aconteceu; e os sumos sacerdotes inclinaram as caras feias na sua frente. Pois você lhes disse como fazer alguma cerimônia esquisita em que você estaria no meio.

– Eu?

– Sim, e você lhes disse qual deveria ser sua roupa, como prepará-la e que palavras dizer quando a vestissem em você.

Eu olhava para ela com apaixonado interesse. – Pode me dizer mais? – exclamei quando ela acabou.

– Você deve viver entre as flores da terra e dançar muito com as crianças. Ora, havia muitas coisas! Mas da cerimônia não consigo me lembrar. Mas você vai logo ver, pois será hoje à noite.

Pulei do leito assustado.

– Não se assuste – disse-me ela rindo – pois estarei com você. O que me faz contente, pois pertenço ao templo, mas nunca fui admitida a uma das cerimônias sagradas.

– Você pertence ao templo! Mas não podem ouvir sua voz!

– Às vezes conseguem me ver! – disse ela risonha. – Só Agmahd pode me ver sempre, pois lhe pertenço. Mas não posso falar com ele. Gosto de você porque posso conversar com você. Vamos, vamos lá fora brincar. As flores do jardim são tão bonitas quanto estas, e a bola está lá. Venha!

Ela tomou minha mão e afastou-se depressa. Deixei que me levasse, pois estava perdido em pensamentos. Mas lá fora o ar estava tão delicioso e perfumado, as flores tão luminosas, o sol tão radiante que, feliz, me esqueci de tudo o mais.

Capítulo 9

Era noite. Estava sonolento e contente, pois tinha me divertido alegremente, correndo daqui para lá naquela atmosfera perfumada. Dormi a noite toda em meu leito, entre as flores que perfumavam o quarto, e sonhei estranhos sonhos em que cada flor se tornava um rosto risonho e meus ouvidos estavam cheios dos sons de vozes mágicas. Acordei de repente e achei que continuava sonhando, pois o luar entrava pelo quarto e caía sobre os belos botões. E pensei na casa humilde na qual tinha sido criado. Como pude suportar aquilo? Pois a vida, agora, parecia-me uma beleza!

Eu estava muito feliz.

Enquanto olhava sonhadoramente para o luar, de súbito a porta do corredor foi aberta pelo lado de fora. O corredor estava iluminado tão intensamente que o luar pareceu-me escuridão e fiquei ofuscado. Alguns neófitos entraram em meu quarto trazendo umas coisas que não discerni, devido à forte luz. Depois se foram e fecharam a porta, deixando-me só ao luar, com dois grandes vultos vestidos de branco. Eu sabia quem estava comigo, mesmo não me atrevendo a olhar – eram Agmahd e Kamen Baka.

De início estremeci, mas de repente vi a menina deslizando das sombras, sorridente e com o dedo nos lábios.

– Não se assuste – disse ela. – Eles vão vestir-lhe a linda roupa que você mesmo mandou preparar.

Levantei-me do leito e encarei os sacerdotes já sem medo. Agmahd estava imóvel, fitando-me. O outro adiantouse, tendo uma veste branca em suas mãos. Era de linho fino, coberta de rico brocado de ouro formando caracteres que eu não entendia. Era mais bonita que a roupa de Agmahd – eu não tinha visto nada tão bonito desde quando chegara no templo.

Gostei muito da roupa, e me preparei para vesti-la. Kamen aproximou-se e me vestiu com suas próprias mãos.

Estava impregnada com um sutil perfume que inalei delicadamente. Parecia a roupa de um rei!

Kamen foi até a porta e a abriu. A luz brilhante atingiu-me em cheio. Agmahd continuava fitando-me imóvel.

A menina me olhava com admiração e batia palmas de alegria. Então estendeu a mão e tomou a minha. – Venha – disse ela. Fomos pelo corredor, e Agmahd perto de nós. A nova cena surpreendeu-me, e parei um pouco. O grande corredor estava cheio de sacerdotes, exceto ali onde eu estava, perto da porta do santuário interno. Aqui era deixado um grande espaço onde estava um leito coberto com lençóis de seda bordados com caracteres de ouro, iguais aos de minha roupa. Sobre o divã havia um montículo de flores perfumadas, e o chão estava coberto de botões. Recuei perante a multidão de sacerdotes cujos olhos estavam fixos em mim, se bem que as belas flores me agradassem.

– Este leito é para nós – disse a menina, e levou-me até ele. Avançamos, e sobre o leito encontrei a bola dourada com que tínhamos brincado no jardim. Olhei alarmado para ver se Agmahd vigiava. Ele estava ao lado da porta do santuário interno; seus olhos também estavam fixos em mim. Kamen estava mais perto de nós, olhando para a porta fechada do santuário, e seus lábios moviam-se como se repetisse palavras. Ninguém parecia zangado conosco e então olhei de novo para a menina. Ela apanhou a bola e pulou para o outro extremo do leito; não pude resistir à sua brincadeira; pulei para o outro lado, rindo também. Atirou-me a bola; apanhei-a, mas, antes que a pudesse devolver, o corredor mergulhou na mais completa escuridão. Por um momento minha respiração parou com o susto, mas vi que ainda podia ver a menina que continuava rindo. Joguei a bola para ela que a apanhou rindo sem parar. Olhei em volta, e vi que tudo o mais era escuridão. Pensei na horrível visão que tinha tido antes no escuro e devo ter gritado de medo. Ela veio até a mim e pousou sua mão na minha.

– Está com medo? – disse ela. – Eu não, e você não precisa temer, não vão lhe fazer mal, pois veneram você!

Enquanto ela falava, ouvi uma música alegre e maravilhosa, que fez meu coração bater depressa e meus pés desejarem dançar.

Um momento depois, vi a luz vindo pela porta do santuário, e a porta se abrindo. Aquele vulto terrível apareceria? Meu corpo estremeceu, mas não perdi toda a coragem como antes. A presença da menina e a música alegre afastavam-me dos temores da solidão. Ela se levantou ainda segurando minha mão. Aproximamo-nos da porta do santuário. Eu estava relutante mas não podia resistir a quem me guiava. Entramos pela porta e, assim que passamos, a música parou. Tudo estava em silêncio de novo. Mas havia uma fraca luminosidade dentro do santuário que parecia vir do extremo oposto da câmara. Levou-me para aquela luz. Ela estava comigo, e eu não tinha medo. No extremo do recinto havia uma pequena sala interna ou recesso cortado na rocha pelo que pude ver. Eu conseguia ver porque havia luz suficiente. Uma mulher estava sentada num banco baixo, a cabeça inclinada sobre um grande livro que mantinha aberto sobre os joelhos. Meus olhos se fixaram sobre ela instantaneamente; não conseguia afastá-los dela. Eu a conhecia, e o coração dentro de mim vibrou com o pensamento de que ela ergueria a cabeça e eu veria seu rosto.

Repentinamente percebi que minha companhia tinha ido embora. Não procurei verificar isso, uma vez que meus olhos estavam imobilizados por uma tremenda fascinação, mas senti que ninguém mais segurava minha mão.

Esperei imóvel, como uma das estátuas da avenida do templo.

Finalmente a senhora ergueu a cabeça e olhou para mim. Meu sangue gelou. Parecia paralisar-me, com aqueles olhos cortantes como aço; mas não podia resistir ou desviar os olhos, nem escondê-los daquele olhar terrível.

Você veio a mim para aprender. Bem, vou ensiná-lo – disse ela com uma voz baixa e suave como um instrumento musical em surdina. – Você ama as belas coisas e as flores; será um grande artista se viver somente para a beleza, mas você deve ser mais do que isto.

– Ela estendeu a mão para mim e contra a minha vontade dei-lhe a minha, mas ela mal a tocou; ao toque, minha mão ficou subitamente cheia de rosas, e o ambiente todo encheu-se com seu perfume. Ela riu, e o som do seu riso era musical. Suponho que eu lhe agradava.

– Venha agora – ela me disse – e fique perto de mim, pois você não tem mais medo de mim. Com meus olhos sobre as rosas aproximei-me dela; as flores prendiam minha atenção, e eu não a temia enquanto não via seu rosto.

Passou o braço à minha volta e aproximou-me dela. De repente vi que a roupa escura que ela vestia não era linho, nem tecido – estava viva; era um véu de serpentes que se retorciam penduradas à volta dela fazendo dobras que, a alguma distância, me pareceram um pano macio. Agora o terror me assaltara, tentei gritar mas não podia; tentei fugir mas não podia. Ela riu novamente, mas desta vez a sua risada era rude. E enquanto eu a olhava, tudo estava mudado, e sua roupa era escura, mas não viva. Perdi o fôlego, admirado e sentindo calafrios de medo – seu braço ainda estava à minha volta. Ergueu sua outra mão e colocou sobre minha testa. Então o medo deixou-me de vez; sentia-me calmo e confiante. Meus olhos estavam fechados mas eu via; estava consciente mas não desejava me mover. Ela se ergueu e, pegando-me em seus braços, colocou-me no assento baixo de pedra onde estivera sentada. Minha cabeça pendeu contra a parede de pedra atrás de mim. Estava entorpecido e imobilizado, mas podia ver.

Ela se empertigou e esticou os braços acima de sua cabeça, e de novo vi as serpentes. Eram vigorosas e cheias de vida. Formavam não só seu vestido, mas cobriam sua cabeça. Eu não sabia dizer se eram seu cabelo ou se estavam sobre ele. Ela uniu as mãos acima de sua cabeça, e as terríveis criaturas penduravam-se em seus braços contorcendo-se. Mas eu não estava com medo. O medo parecia ter-me deixado para sempre.

Foi então que notei que havia outra presença no santuário. Agmahd lá estava à porta da caverna.

Olhei surpreso para ele por estar tão parado; seus olhos não viam. Então percebi que de fato este vulto, esta luz, e eu mesmo éramos invisíveis para ele.

Ela se voltou para mim e inclinou-se de modo que vi seu rosto e seus olhos fitando os meus; não fez outro movimento. Aqueles olhos cortantes não mais me enchiam de terror, mas seguravam-me firmemente como um instrumento de ferro. Enquanto eu a observava, repentinamente vi as serpentes se transformarem e desaparecerem; tornaram-se as dobras longas e sinuosas de uma macia veste cinzenta e lustrosa, e suas cabeças e olhos terríveis eram grupos estrelados de rosas. E uma intensa fragrância de rosas encheu o santuário. Então vi Agmahd sorrindo.

– Minha Rainha está aqui – disse ele.

– Sua Rainha está aqui – disse eu, mas só percebi que falara, depois de ouvir minha voz. – Ela quer saber o que deseja.

– Diga-me como está vestida?

Respondi: – Sua roupa brilha, e sobre seus ombros há rosas.

– Não desejo prazer – disse ele; minha alma está cansada disso. Mas peço poder.

Até agora os olhos dela fixos nos meus diziam-me o que falar; mas agora ouvia sua voz de novo.

– No templo?

E repeti as palavras dela inconsciente do que fazia até captar o eco de minha voz.

– Não! – respondeu Agmahd, desdenhosamente. – Preciso sair destas paredes e misturar-me aos homens e exercer minha vontade entre eles. Peço o poder para fazer isso. Foi-me prometido; esta promessa não foi cumprida.

– Porque lhe faltou coragem e força para cumprir esse desígnio.

– Não mais me faltam – respondeu Agmahd; e pela primeira vez vi seu rosto inflamar-se apaixonado.

– Então pronuncie as palavras fatais – disse ela.

O rosto de Agmahd alterou-se, ele se enrijeceu por alguns momentos, e seu rosto se tornou mais frio e pétreo do que qualquer estátua da caverna.

– Renuncio à minha humanidade – disse ele, finalmente, pronunciando as palavras tão lentamente que elas pareciam descansar em pleno ar.

Está bem – disse ela. – Mas você não pode ficar sozinho. Você deve me trazer outros, prontos como você para desafiar tudo e conhecer tudo. Preciso ter doze servidores juramentados. Traga-os e você terá o que deseja.

– Deverão ser meus iguais?

Em desejo e coragem, sim; em poder, não; pois cada um terá um desejo diferente, e assim seu serviço poderá ser aceito por mim.

Agmahd fez uma pausa, e então disse: – Obedeço à minha Rainha. Mas preciso ser auxiliado numa tarefa tão difícil. Como deverei tentá-los?

A essas palavras, ela estendeu seus braços, abrindo e fechando as mãos com um estranho gesto que não compreendi. Seus olhos brilharam como brasas acesas e depois ficaram calmos e frios.

Eu lhe darei orientações – respondeu; seja fiel às minhas ordens, e não precisa temer. Apenas obedeça, e terá sucesso. Você tem todos os elementos dentro deste templo. Há dez sacerdotes prontos para nossas mãos. Estão famintos. Vou satisfazê-los. A você, satisfarei quando sua coragem e constância forem provadas, e só então, pois você pede muito mais que estes outros.

–E qual será aquele que irá completar o número? – perguntou Agmahd.

Ela voltou seus olhos novamente para mim.

– Esta criança – respondeu ela. – Ele é meu – meu servo escolhido, favorito; irei ensiná-lo, e através dele ensinarei você.

Capítulo 10

– Diga a Kamen Baka que conheço o desejo de seu coração e que ele terá o seu desejo realizado, mas que primeiro deve pronunciar as palavras fatais.

Agmahd inclinou a cabeça, deu as costas e silenciosamente deixou o santuário.

Novamente eu estava só com ela. Então ela se aproximou e fixou seus terríveis olhos em mim.

Enquanto olhava para ela, desapareceu à minha frente e em seu lugar ficou uma luz dourada que gradualmente se transformou na coisa mais bela que eu já vira.

Era uma árvore cheia de folhagem que pendia mais como cabelo do que como folhas, e em cada galho havia muitos ramos de flores, e entre as flores havia numerosos pássaros, todos dourados e alegres, com cores brilhantes, que disparavam de um lado para o outro em meio aos botões, até que deslumbrado exclamei: – Oh! dê-me um desses passarinhos, para ficar comigo, como fica junto a essas flores!

– Você terá uma centena deles, e eles irão amá-lo tanto que beijarão sua boca e tomarão a comida de seus lábios. Com o tempo você terá um jardim onde crescerá uma árvore como esta e todos os pássaros do ar irá amá-lo. Mas primeiro você precisa fazer o que peço. Fale com Kamen e peça-lhe que entre no santuário.

– Que o sacerdote Kamen Baka entre! – disse eu.

Ele veio e ficou na porta da caverna. A árvore tinha desaparecido, e eu via diante de mim o vulto escuro, com sua veste brilhante e olhar cruel fixado no sacerdote.

– Diga-lhe – falou lentamente – que a fome de seu coração será satisfeita. Deseja amor! Ele o terá. Os sacerdotes do templo endureceram seu rosto contra ele, e ele sente que seus corações são como pedra. Deseja vê-los de joelhos à sua volta, adorando-o, como escravos obedientes. Ele os terá; pois tomará sobre si este ofício que até agora tem sido meu. Satisfará o desejo de seus corações, e em compensação o colocarão sozinho num pedestal acima de todos, exceto de mim. O preço é satisfatório?

Disse essas palavras num tom de intenso desprezo, e eu podia ver em seu rosto terrível que o desprezava pela sua ambição mesquinha. Mas a picardia deixou as palavras quando eu as repeti.

Kamen curvou a cabeça e um estranho brilho de exultação subiu a seu rosto.

– Sim, basta – disse ele.

– Então pronuncie as palavras fatais!

Kamen Baka caiu de joelhos e esticou os braços acima da cabeça; a expressão de seu rosto era de agonia.

– De agora em diante, ainda que todos me amem, não amarei homem algum!

O vulto escuro deslizou para ele tocando sua cabeça com a mão.

– Você é meu – disse ela, e afastou-se com um sorriso tenebroso e frio como a geada do Norte, em seu rosto. Deu-me a impressão de uma mestra e guia de Kamen. Com Agmahd ela falará mais como uma rainha a seu chefe preferido, a alguém que ela considera e ao mesmo tempo teme; como a alguém que tem força.

– Agora, criança, há trabalho a fazer – disse ela se aproximando de mim. – Este livro contém os corações dos sacerdotes que serão meus servos. Você está cansado, deve repousar, pois não deixarei que lhe façam mal. Deve crescer para ser um homem forte, digno de meu favor. Mas leve o livro contigo; e assim que acorde, de manhã cedo, Kamen virá ter contigo e você lerá para ele a primeira página desse volume. Quando ele conseguir cumprir a primeira tarefa, voltará para você na manhã seguinte e você lerá para ele a segunda; e assim até acabar o livro. Diga-lhe isto; e também que não se desespere nunca por causa das dificuldades. Cada dificuldade vencida aumentará seu poder, e quando tudo estiver cumprido, ele chegará ao máximo.

Repeti essas palavras para Kamen que estava agora de pé junto à porta de mãos juntas, e cabeça baixa, de modo que eu não podia ver seu rosto. Mas quando acabei, ergueu a cabeça e disse:

– Obedeço.

Seu rosto ainda apresentava um estranho brilho que nele vira antes.

– Mande que saia – disse ela – e que mande aqui Agmahd.

Quando repeti isso, saiu, e pude ver por seus movimentos que este lugar, a seus olhos, era só escuridão.

Mais um momento e Agmahd estava junto à porta.

Ela se aproximou e pousou sua mão sobre a testa dele. Imediatamente vi uma coroa ali; e Agmahd sorria.

– Será sua – disse ela. – Repita isto para Agmahd; é a maior coroa, exceto uma sobre a terra; e aquela maior ele jamais terá. Agora peça a ele para carregá-lo nos braços e colocá-lo em seu leito. Mas não solte o livro.

Enquanto eu repetia as palavras que ela dizia, veio até mim e tocou minha testa. Um cansaço profundo invadiu-me, e as palavras se apagavam de meus lábios. Não pude repetilas; tudo se apagava. Adormeci.

Capítulo 11

Quando acordei, já era dia claro; e senti que tinha dormido muito e profundamente. O quarto estava como um jardim cheio de flores. Meus olhos vagaram por elas prazerosamente, mas pararam sobre um vulto ajoelhado no meio do quarto, um sacerdote cuja cabeça estava abaixada, mas que eu sabia ser Kamen Baka. Eu me movi, e ao leve som que fiz, ele ergueu a cabeça e me olhou. Vi então o livro a meu lado, aberto. Meus olhos ficaram fixados na página. Vi palavras que brilhavam, e inconscientemente as li em voz alta. Interrompi a leitura quando não havia mais nada na linguagem comum, mas apenas hieróglifos.

Kamen Baka ergueu-se. Olhei para ele e vi que seu rosto estava vibrando com uma alegria descontrolada.

– Ele vai beijar meus pés hoje – exclamou. Então observando meu olhar perplexo, disse: – Já leu tudo?

– Tudo que posso entender – respondi. – O resto está em estranhos caracteres que não conheço.

Virou-se apressado e deixou meu quarto. Olhei de novo para a página do livro para saber quais as palavras que tão estranhamente o excitaram. Não eram mais inteligíveis para mim – também eram hieróglifos – e fiquei olhando para eles, desesperado, pois descobri que não me lembrava de nada do que lera. Cansei-me de pensar nessa coisa tão estranha e por fim adormeci novamente com a cabeça sobre as páginas abertas do livro místico. Só me ergui do sono sem sonhos quando um ruído me despertou. Dois jovens sacerdotes estavam em meu quarto, carregavam bolos e leite, e ajoelhavam-se para me oferecer a comida. Eu estava com medo, caso contrário acharia graça de vê-los ajoelhados diante de mim, um menino do campo. Depois que comi, eles foram embora, mas ainda não estava só. A cortina ergueu-se, e ao ver aquele que entrava pulei de pé, rindo de felicidade. Era Sebua, o jardineiro.

– Como conseguiu vir até mim? – perguntei. – Pensei mesmo que nunca mais o veria.

– Agmahd mandou-me aqui – disse ele.

– Agmahd! – exclamei, surpreso. Aproximei-me dele e apertei seu braço em minhas mãos.

– Oh! sim, sou real – respondeu ele. – Eles não podem fazer um fantasma de mim. Não duvide; pois, quando me vir, sou eu mesmo.

Ele estava falando irritado e rudemente, e por um momento fiquei com medo, mas não por muito tempo. O estranho sorriso surgiu novamente em seu rosto feio.

– Você deve vir comigo ao jardim, – e estendeu sua grande mão negra. Saímos de meu quarto de mãos dadas e rapidamente nos afastamos através de grandes câmaras vazias e longas passagens do templo até atingirmos aquele estreito portão de ferro através do qual vira pela primeira vez o rosto de Sebua. Como daquela vez, o jardim brilhava à distância numa visão de verdor, luz e cores.

– Oh! como estou contente por voltar aqui – disse eu.

– Da primeira vez você viera trabalhar; para ser meu criado – disse Sebua ranzinza. – Agora é diferente. Você deve brincar e não trabalhar. E devo tratá-lo como um principezinho. Bem! Já o corromperam, criança? Não gostaria de um banho?

– Mas onde, em que águas? Gostaria de mergulhar e nadar numa água que fosse fresca e profunda.

– Você sabe nadar? E gosta da água? Venha comigo e vou mostrar-lhe uma água profunda e realmente fresca. Venha comigo!

Apressou o passo e tive de correr para acompanhá-lo. Resmungava enquanto caminhava, mas eu não entendia suas palavras. E realmente eu não o escutava. Só pensava como seria ótimo mergulhar em uma água fresca nesta manhã quente.

Chegamos a um lugar onde havia um tanque amplo e profundo, no qual sempre caía água, de uma ducha veloz, que ficava em um lugar bem alto.

– Aí está a água que você queria – disse Sebua – e sem flores que você possa machucar.

Fiquei à margem, sob o sol quente e tirei a minha roupa branca. Então, após uma pequena pausa, pude perceber como o sol estava agradável e em seguida me atirei na água. Ah! de fato estava frio! Quase perdi o fôlego com o frio súbito, mas logo mergulhei e comecei a nadar, começando a desfrutar este refrigério. Sentia-me forte e bem disposto nestas águas frescas, sem aquela languidez dos odores fragrantes do templo, ou os perfumes de meu quarto. Estava tão feliz que queria ficar bastante tempo aqui na água sob o sol; então parei de nadar, e deixei-me flutuar, fechando os olhos para não me ofuscar com o sol.

De repente, senti algo tão estranho que de novo perdi o fôlego, mas era tão suave que não me assustou. Era um beijo em minha boca. Abri os olhos. Ali a meu lado, sobre a superfície da água, estava minha Rainha, a Rainha do Lótus. Dei um grito de alegria. Imediatamente todo o prazer que tivera desde a última vez que a vira, sumiu de minha lembrança. Ela era minha Rainha, minha linda amiga; quando estava por perto, eu não tinha ninguém mais no mundo.

– Criança, você veio a mim novamente, – disse ela – mas logo me deixará. E como posso ajudá-lo se você me esquece completamente?

Não respondi, pois estava envergonhado. A custo pude acreditar que a esquecera, mas sabia que era verdade.

– As águas em que você repousa agora – disse ela – vêm daquele lugar em que minhas flores, os botões de lótus, residem em sua glória. Você morreria, se repousasse assim, na água onde estão, mas esta, que verte de lá, só tem um pouco da vida deles, tendo dado a sua própria para eles. Quando você puder mergulhar na água do tanque de lótus, será forte como a águia, e terá a disposição de um recém-nascido. Minha criança, seja forte; não dê ouvidos à adulação que o confunde; ouve apenas a verdade! Fique ao sol, cara criança, e não deixe os fantasmas iludirem você; pois a vida das vidas o espera, a pura flor do amor e do conhecimento está pronta para que a colha. Você seria uma ferramenta, um mero instrumento nas mãos daqueles que só têm desejos para si mesmos? Não! Adquira o conhecimento e se fortaleça! Então poderá dar ao mundo a luz do sol. Venha, minha criança, me dê sua mão; erga-se confiante, pois esta água lhe dará apoio; erga-se, ajoelhe-se sobre ela, e beba a luz do sol; erga-se, ajoelhe-se sobre ela e se dirija à luz de toda vida, para que o ilumine.

Eu então me ergui segurando a mão dela. Ajoelhei-me a seu lado. Novamente me ergui e com ela fiquei de pé sobre a água – depois não percebi mais nada.

– Você seria uma ferramenta, um mero instrumento nas mãos daqueles que só têm desejos para si mesmos? Não! Adquira conhecimento e se fortaleça, então poderá dar ao mundo a luz do sol.

Estas palavras pareciam sussurradas a meus ouvidos quando acordei. Repeti-as seguidamente, e recordei cada palavra corretamente. Mas eram vagas e de pouco significado para mim. Pensei que as entendera da primeira vez, mas agora soavam-me como as boas palavras do pregador para os dançarinos nos festivais.

❑ ❑ ❑

Eu era uma criança quando estas palavras foram sopradas a meus ouvidos, um rapazinho indefeso, ingênuo e muito jovem. Através dos anos de meu crescimento, o apelo a minha alma, da Rainha dos Lótus, ressoou fracamente e sem significado nas regiões obscuras de meu cérebro. Eram como a canção do sacerdote para o infante que só ouve a música. Mas nunca me esqueci dele. Minha vida foi dedicada aos homens que me conservavam na servidão, corporal e espiritual; pesavam grilhões sobre minha alma adormecida. Enquanto meu corpo cedia obediente à orientação de seus senhores, era um escravo, se bem que soubesse que a liberdade existia sob o céu aberto! Mas, mesmo obedecendo cegamente e dando toda minha força e poderes aos usos baixos do templo profanado, em meu coração eu mantinha firmemente a memória da linda rainha e em minha mente suas palavras estavam escritas com um ardor que não morreria. Entretanto, enquanto crescia até ser um homem, minha alma adoecia dentro de mim. Essas palavras que viviam como uma estrela em minha alma, lançavam uma estranha luz sobre minha vida arruinada. E enquanto minha mente se desenvolvia eu reconhecia isso, e um pesado cansaço, como de morte ou de desespero, afastava de mim toda a beleza do mundo. Depois de ser uma criança alegre, uma feliz criatura iluminada, cresci como um rapaz triste, de olhos grandes e pesados de lágrimas, e cujo coração doente conservava escondido dentro de si muitos segredos, porém mal compreendidos, envolvendo vergonha, pecado e remorso. Por vezes, quando passeava pelo jardim, contemplava as águas tranqüilas do tanque do lótus e rezava para ter novamente a visão. Mas ela não voltava. Tinha perdido a inocência da infância, e ainda não havia conquistado a força de um homem.

Livro 2

Capítulo 1

Lá estava eu, no jardim do templo, sob uma grande árvore que lançava uma sombra densa sobre a grama. Sentia-me muito cansado, pois durante toda a noite passada estivera no santuário, repetindo as mensagens do espírito obscuro a seus sacerdotes. Dormi um pouco ao ar cálido, e acordei estranhamente cheio de tristeza. Senti que minha juventude tinha passado, e eu nunca desfrutara seu fulgor.

Ao meu lado estavam dois jovens sacerdotes. Um me abanava com uma grande folha que devia ter tirado daquela mesma árvore; o outro, apoiado em uma das mãos sobre a grama, olhava-me sério. Seus olhos eram grandes, escuros e meigos, como os olhos de um animal dócil. Muitas vezes eu havia admirado sua beleza, e estava contente de vê-lo a meu lado.

– Você tem estado muito entre quatro paredes. Ora, – disse ele, quando viu meus olhos se abrirem cansadamente e fitarem seu rosto – não vão matá-lo com as cerimônias do templo, sendo você o único que lhes pode dar vida. Acompanhe-nos até a cidade e saboreie algo diferente dos ares do templo.

– Mas não podemos – eu respondi.

– Não podemos... – disse Malen, desdenhosamente – supõe que somos prisioneiros aqui?

– Mas mesmo que pudéssemos escapar, o povo nos reconhecerá. Os sacerdotes não andam por entre o povo.

– O povo não nos reconhecerá – disse Malen jocosamente. – Agmahd deu-nos liberdade. Agmahd deu-nos poder. Venha, se quiser nós estamos indo.

Os dois ergueram-se e ofereceram-me suas mãos para me ajudar a levantar; mas eu não estava mais enfraquecido. Saltei de pé e arrumei minha roupa branca. – Iremos com estas roupas mesmo? – perguntei.

– Sim, sim, e ninguém nos reconhecerá. Apareceremos como príncipes ou como mendigos, ou o que quisermos; Agmahd deu-nos o poder. Venha! Estava tão entusiasmado quanto eles com a perspectiva dessa aventura. Corremos pelo jardim até chegarmos a um portão estreito na parede; Malen o tocou abrindo-o facilmente. Estávamos fora do templo.

Meus companheiros rindo e conversando corriam através da planície rumo à cidade. Eu também corria e escutava. Mas pouco entendia do que falavam. Evidentemente conheciam a cidade, que para mim era só um nome. Verdade, caminhara por ela com minha mãe, um menino do campo, de pés descalços. Mas agora, parecia, entraria em casas e me misturaria com os ricos e poderosos. Esse pensamento me amedrontava.

Corremos até entrarmos numa das ruas principais. Estava cheia de pessoas alegres, em lindas roupas, e todas as lojas pareciam vender somente jóias. Então viramos por um grande pórtico, para um pátio, e dali passamos para um saguão de mármore onde jorrava uma enorme fonte, e grandes arbustos floridos soltavam um forte perfume.

Uma escadaria grande de mármore saía desse saguão, pelo qual subimos, e quando chegamos ao topo, Malen abriu uma porta e entramos numa sala toda revestida de tapeçarias douradas, onde estavam algumas pessoas, cujos vestidos e jóias me ofuscaram. Estavam sentadas em volta de uma mesa, bebendo vinho e comendo doces. O ar estava repleto de conversa, de risos, e pesado com o perfume. Três adoráveis mulheres se ergueram para nos dar as boas-vindas, cada uma nos tomando pela mão e nos dando um lugar a seu lado. Logo nos tornamos parte da festa, misturando nosso riso ao delas, como se sempre estivéssemos estado ali. Não sei se foi o vinho aromático que bebi, ou o mágico toque da linda mão que freqüentemente tocava a minha, pousada na toalha bordada, mas minha cabeça foi ficando leve e estranha, e eu falava de coisas das quais não conhecia nada até agora, e ria-me dos dizeres que até há uma hora me pareceriam tediosos, por serem desconhecidos.

Aquela que se sentava a meu lado apertou minha mão. Voltei-me para olhá-la. Ela se inclinava para mim; seu rosto era radiante de juventude e beleza. Seu vestido luxuoso fazia-me sentir uma criança a seu lado. Mas agora via que era jovem, mais jovem que eu, mas era tão formosa e adoravelmente radiante que, muito embora fosse uma criança, era uma mulher encantadora. Quando olhei para seus olhos meigos, pareceu-me reconhecê-la bem, e que seu fascínio me era familiar e muito conhecido. De início, disse muitas palavras que eu pouco compreendi, e que pouco escutei, mas gradualmente, enquanto escutava, comecei a compreender. Falava-me de ter sentido falta de mim, de seu amor por mim, e de seu cansaço de todos os outros. – A sala parecia escura e silenciosa até minha chegada – dizia ela. – O banquete estava desanimado, os outros riam, mas sua risada soava como soluços a seus ouvidos, soluços de pessoas atormentadas. – Será que eu – uma jovem forte e amorosa – mereço tamanha tristeza? Não, não, não é para mim. Ah! amante, esposo, não me deixe novamente. Fique a meu lado e minha paixão o fortalecerá no cumprimento de seu destino.

Levantei-me da cadeira precipitadamente, segurando a mão dela com firmeza.

– É verdade! – exclamei em voz alta. – Fiz mal em negligenciar o que é a glória da vida. Confesso que sua beleza, que de fato é minha, estava afastada de minha mente. Mas agora que a contemplo com meus olhos, não vejo como pude encontrar beleza em qualquer outra coisa do céu ou da terra.

Subitamente, enquanto eu falava, houve um movimento entre os convivas espantados. Com tamanha rapidez deixaram a mesa e sumiram da sala. Só permaneceram os dois jovens sacerdotes, com seus olhos fixos em mim. Pareciam sérios e perturbados. Levantaram-se devagar. – Não vai voltar para o templo? – disse Malen. Minha resposta foi um gesto de impaciência.

– Você se esquece – insistiu ele – que viemos só espiar os divertimentos da cidade, para sabermos de que são feitos os homens de argila? Você sabe que os sacerdotes iniciados precisam manter sua pureza. Que dizer de você, o vidente do templo? Mesmo eu, que sou apenas um noviço, não me atrevo a ceder ao forte anseio de liberdade que enche meu peito. Ah! ser livre! Ser um filho da cidade, conhecer o sentido da vida! Mas não me atrevo! Seria menos do que nada. Não teria lugar no templo, nem no mundo. O que seria então de você, o vidente? Como daremos conta de você para Agmahd?

Não dei resposta. Mas aquela que estava sentada a meu lado levantou-se e foi até ele. Tirou uma jóia de seu pescoço e colocou-a na mão dele.

– Dê-lhe isto – disse ela – e ele não fará mais perguntas.

Capítulo 2

A partir deste momento não consigo dar um relato tão preciso quanto dos outros dias de minha vida. Esse tempo está manchado e velado pela semelhança das emoções pelas quais passei. De fato elas se confundiram e se tornaram uma e a mesma. Bebia o prazer a cada dia; a cada hora parecia-me que minha bela companheira tornava-se ainda mais bela, e eu ficava admirando-a maravilhado. Ela me levava pelos salões de nosso palácio e eu nem podia parar para examinar seus esplendores, porque sempre havia câmaras ainda mais esplêndidas. Com ela passei pelos jardins, onde as flores perfumadas cresciam em tal exuberância como jamais vira em nenhum outro lugar. Além dos jardins e das campinas, na grama curta e macia cresciam muitas flores silvestres e os lótus floresciam no regato que atravessava os campos. Para cá vinham as meninas da cidade à tardinha, algumas para pegar água, outras para tomar banho no riacho, e sentavam-se depois em suas margens, conversando, rindo e cantando, até à noite. Seus corpos fulgurantes e suas doces vozes tornavam o anoitecer duplamente belo, e eu ficava entre elas, sob as estrelas, e muitas vezes até o amanhecer, companheiro de todas elas, sussurrando palavras de amor só para as mais belas. E então enquanto elas cantando em voz baixa me deixavam, a minha, a mais bela entre todas voltava comigo para o palácio onde vivíamos na cidade, embora um tanto afastado. E éramos os mais felizes de todos os habitantes daquela cidade.

Não sei dizer quanto tempo se passou assim; somente sei que um dia, estava em meu quarto, e ela, a mais linda de todas, cantava suavemente em voz baixa, a cabeça apoiada sobre meu braço, quando num momento a canção afastou-se de seus lábios e ela ficou paralisada. Ouvi no silêncio algumas passadas lentas e leves nas escadas. A porta se abriu e Agmahd, o sumo sacerdote, lá estava, imóvel, na porta.

Olhou para mim por um momento com seus olhos terríveis, frios como gelo. Embora houvesse um sorriso em seu rosto, eu fiquei com muito medo.

– Venha – disse-me ele.

Sem hesitar, me levantei. Sabia que era preciso obedecer. Só olhei para trás quando ouvi um rápido movimento e um soluço; então olhei para trás. Mas ela, a mais bela de todas, tinha ido embora. Fugira dessa aparição inesperada em nosso quarto? Eu não podia ficar para ir vê-la ou confortá-la. Sabia que precisava seguir Agmahd; eu sentia, como nunca antes, que ele era meu senhor. Quando cheguei na porta, vi no limiar uma serpente que ergueu sua cabeça quando me aproximei. Recuei sobressaltado, com uma exclamação de medo.

Agmahd sorriu. – Nada tema; esta é uma favorita da sua Rainha, e não fará nenhum mal a seu servo escolhido. – Venha!

Ao receber sua ordem, me senti compelido a segui-lo; não me atrevi a desobedecer. Passei pela serpente com um olhar de aversão, e ao chegar à escadaria ouvi seu silvo irado.

Agmahd foi pelos jardins até um campo mais distante. Anoitecia e as estrelas já rebrilhavam no céu. Algumas meninas de olhos brilhantes estavam sentadas às margens da correnteza. Mas não cantavam como era seu hábito. No meio do ribeirão estava um barco, com dois remadores. Reconheci os jovens sacerdotes que haviam ido comigo à cidade. Seus olhos estavam abaixados, e não se ergueram mesmo quando me aproximei. Compreendi, quando passei pelas meninas, que elas haviam reconhecido velhas amizades e alegres companhias naqueles dois jovens sacerdotes e estavam surpresas e intrigadas ao vê-los com aquelas roupas e com modos tão mudados.

Agmahd entrou no barco e eu o segui. Então remamos silenciosamente rumo ao templo.

Eu nunca vira a entrada do templo, da água. Ouvira dizer, quando entrei na cidade com minha mãe, que esta entrada costumava ser muito usada, mas agora era utilizada somente para festivais, por isso fiquei muito surpreso ao entrar desse lado. Fiquei mais surpreso ainda ao encontrar o recinto sagrado cheio de barcos decorados com flores e ocupados com sacerdotes de branco que se sentavam de olhos abaixados. Mas logo vi que hoje era um festival.

Este templo! Parecia que eu havia estado nele há cem anos. O próprio Agmahd me parecia estranho, pouco familiar. Será que eu tinha envelhecido muito? Não sabia dizer, pois não encontrei espelho para examinar meu rosto. Nem um amigo para perguntar. Só sabia que, em comparação com os jovens que corriam para longe dos jardins do templo, ansiosos por aventuras, eu era agora um homem. E sabia que minha idade adulta não viera com glória, mas com grande desonra. Eu era um escravo. Uma melancolia profunda se abateu sobre minha alma ao entrarmos no templo. O barco foi puxado para alguns grandes degraus de mármore branco, dentro dos muros do templo, sob seu telhado. Nunca pensara que o grande rio estava tão perto. Quando chegamos ao topo da escada, Agmahd abriu uma porta, e eis que imediatamente estávamos na entrada do santuário interno! Só umas tochas pequenas, seguradas por sacerdotes silenciosos, iluminavam o grande corredor. A noite caía lá fora, no frio; aqui, era como noite alta. A um sinal de Agmahd as tochas foram apagadas. Mas nem toda luz desapareceu! Pela porta do santuário brilhava aquela estranha luz que uma vez tanto me aterrorizara. Agora eu não me assustava mais. Agora, eu sabia o que fazer; e sem medo nem hesitação avancei e entrei.

Lá dentro estava um vulto escuro, com vestes brilhantes e olhos frios e terríveis. Ela sorria e estendeu a mão, que pousou sobre a minha. Estremeci ao toque; era tão frio!...

– Diga a Agmahd – disse ela – que irei. Estarei com vocês no barco. Ele deve ficar no meio conosco, e meus outros servos devem rodear-nos. E então, se tudo for feito como ordeno, farei um milagre na presença de todos os sacerdotes e do povo. E isto farei por estar contente com meus servos, e desejo que tenham poder e saúde.

Repeti as palavras dela; e, quando acabei, a voz de Agmahd veio do escuro.

– A Rainha é bem-vinda! A Rainha será obedecida.

No instante seguinte as tochas estavam acesas. Vi que eram dez carregadas por dez sacerdotes, todos com vestes brancas, ricamente bordadas em ouro como as de Agmahd. Entre eles estava Kamen Baka. Seu rosto me parecia estranho. Era como se estivesse em transe.

Agmahd abriu a porta que nos levava aos degraus do rio. Um barco diferente estava amarrado ali. Era grande, com um largo convés circundado por vasos, nos quais queimava algo fortemente perfumado. Em meio a esses vasos, um círculo carmesim e um desenho que não compreendi. Nos lados do barco, abaixo desse convés elevado, sentavam-se os remadores, que eram sacerdotes de branco. Todos estavam quietos, esperando com os olhos abaixados. Os bordos do barco estavam ornamentados com grandes grinaldas de flores. Uma lanterna iluminava cada uma de suas extremidades.

Entramos no barco. Agmahd foi o primeiro e colocou-se no meio do círculo; eu fiquei ao seu lado. Entre nós, claramente visível a meus olhos, estava o vulto. Ela irradiava uma luz como aquela do santuário, só que menos brilhante. Mas vi que ninguém percebia sua presença, exceto eu.

Então os dez sacerdotes subiram no barco e se colocaram dentro do círculo carmesim, rodeando-nos completamente. O barco se afastou lentamente dos degraus. Vi que vários outros barcos estavam à nossa frente e atrás de nós, todos adornados com flores e lâmpadas, todos cheios de sacerdotes de branco. Silenciosamente a procissão zarpou pelo rio sagrado, avançando rumo à cidade.

Quando finalmente estávamos fora do templo, ouvi um profundo murmúrio erguer-se e encher o ar. Era tão longo e profundo, que me assombrou, mas a ninguém perturbava, e logo vi seu significado. Com os meus olhos acostumando-se à luz das estrelas, vi que os campos a cada lado do rio estavam repletos de vultos. Uma vasta multidão, às margens do rio, enchia os campos. Era um grande festival, e eu não sabia. Fiquei um pouco desorientado, mas em seguida me lembrei que já ouvira falar nele. Eu estivera tão envolvido com os prazeres à minha volta que não havia reparado o que estava acontecendo. Talvez, se tivesse ficado na cidade, estaria junto à multidão, mas agora estava separado dela e, ao que me parecia, de tudo que era humano. Fiquei tão calado e imóvel quanto Agmahd. Minha alma estava dilacerada por um desespero que eu não entendia, e esmagada por um horror do desconhecido, que ainda estava por vir.

Capítulo 3

Enquanto os barcos deslizavam rio abaixo, de súbito o profundo silêncio foi rompido pelo canto. Vinha dos sacerdotes remadores. De cada barco elevava-se o som do hino, e eu percebi uma grande movimentação, mesmo no escuro: o povo caía de joelhos. Mas conservavam-se em silêncio; adoravam e escutavam as vozes dos sacerdotes ressoando pelos ares.

Quando a canção parou, houve um silêncio ininterrupto por alguns minutos. O povo permanecia imóvel, ajoelhado, silencioso. Mas de repente as pessoas se lançaram ao solo prostrados, e eu pude ouvir os suspiros e as exclamações de admiração que vinham do povo. Os sacerdotes recomeçaram com um acorde triunfal. Diziam com uma voz melodiosa e forte:

– A deusa está conosco. Ela está no meio de nós! Ajoelhem-se e adorem!!

Nesse momento, o vulto que estava entre mim e o sacerdote Agmahd, voltou-se sorridente para mim.

– Agora, meu servo escolhido, devo pedir os seus serviços. Paguei-lhe antecipadamente para que não hesitasse, mas não tema. Você será pago novamente e em dobro. Dê-me suas mãos. Pouse seus lábios sobre minha testa e não tema, não se mova, não diga nada, seja qual for o abalo ou a fraqueza que vier sobre você. Sua vida será a minha. Eu a tirarei de você; mas devolvê-la-ei. Não é valioso? Nada tema!

Obedeci-lhe sem hesitação, mas com um terror inimaginável. Não podia resistir à sua vontade. Eu sabia ser escravo dela. Suas mãos frias agarraram as minhas e no mesmo instante não mais pareciam macias, porém grampos de aço que me seguravam firmemente e eram inexoráveis. Impelido por minha sensação de impotência, enfrentei o brilho daqueles olhos terríveis e aproximei-me dela. Desejei que a morte me libertasse, mas não podia esperar por nenhuma outra ajuda. Pousei meus lábios sobre sua testa. O vapor das lâmpadas e dos vasos encheram meu cérebro com uma estranha sonolência, e eu me sentia pesado e entorpecido. Mas agora, com meus lábios tocando sua testa, que os queimava, não sei se com o frio ou o calor, um sentimento de alegria, leveza, de um prazer quase insano, me inundou. Não estava mais em mim; estava dominado por um oceano de emoções que não eram as minhas. Eu me senti invadido por elas, que pareciam levar completamente minha individualidade para sempre. Mas eu não estava inconsciente; minha consciência momentaneamente se tornou mais intensa e vigilante. Então, em um segundo, me esqueci da individualidade perdida – sabia que estava vivendo no cérebro, no coração, na essência daquele ser que tão completamente me dominava. Um grito furioso, imediatamente abafado, emergiu do povo. Eles viam sua deusa. E eu, olhando para baixo, vi a meus pés a forma aparentemente morta de um jovem sacerdote, com vestes brancas bordadas de ouro. Parei por um instante, na minha embriaguez de poder, para pensar – estaria ele morto?

Capítulo 4

Eu podia ver claramente a grande multidão de cada lado; uma luz caía sobre as pessoas, e não a percebiam. Não era a luz das estrelas pela qual eles viam. Era um brilho que não vinha do céu, mas de meus olhos. Vi seus corações – não via seus corpos, mas a eles mesmos. Reconheci meus servos, e minha alma se animou quando percebi que quase toda essa multidão estava pronta para me servir. Eu possuía um valoroso exército; eles me obedeceriam, não pelo dever, mas pela ambição.

Eu vi a cobiça em cada coração e sabia que podia alimentá-la. Por um longo momento permaneci visível; então deixei meus servos escolhidos. Pedi-lhes que remassem até a margem, pois agora não tinha mais intenção de me deixar contemplar por aqueles olhos astutos dos homens; eu podia falar e tocar aqueles que escolhesse. A forte vitalidade do jovem sacerdote era suficiente para alimentar a lâmpada da força física por algum tempo ainda, se eu não a usasse demasiado.

Fui para a margem e andei entre o povo, dizendo aos ouvidos de cada um o segredo de seu coração – e ainda mais, dizia como obter aquilo sobre o que apenas pensavam em silêncio. Nenhum homem ou mulher deixava de ter algum desejo, porém jamais confessariam, qualquer que fosse o confessor. Mas eu os via, e não fazia deles uma coisa vergonhosa; mostrava-lhes quão pequeno esforço da vontade e quão pequena inteligência seriam necessários para o primeiro passo da auto-satisfação. Passei pelo meio da multidão deixando todos apaixonados e enlouquecidos atrás de mim. Com o tempo, a excitação que minha presença produzira não pôde mais ser contida. A uma só voz o povo irrompeu impetuosamente numa canção descontrolada que agitou meu sangue e o fez queimar dentro de mim. Pois eu já não ouvira esta canção sob outros céus, cantada pelas vozes e línguas de todos os povos? Já não a ouvira de povos há muito extintos e esquecidos? Não a ouvirei de povos cujas moradias ainda não foram criadas? É a minha canção! Ela me dá vida! Cantada silenciosamente num coração, é o clamor da paixão inconfessada, da oculta loucura do ego. Quando vem da garganta da multidão, a vergonha se vai e a dissimulação termina. Então é o frenesi da orgia, o clamor dos devotos do prazer.

Meu trabalho estava feito. Eu tinha acendido um grande fogo que devastava como um incêndio florestal. Voltei para o barco sagrado onde me aguardavam. Imóveis, estavam lá me esperando, os meus servos escolhidos, os sumos sacerdotes do templo. Ah! meus poderosos da paixão! Reis da cobiça! Monarcas do desejo!

E o jovem sacerdote – ele ainda estava lá? Ainda parecendo morto? Sim, estava imóvel, pálido, no meio círculo formado pelos sumos sacerdotes, junto de Agmahd, ainda de pé, sozinho.

Quando me ocorreu esse pensamento, pareci subitamente sair misteriosamente do oceano de paixão no qual tinha submergido. Recuperei novamente a consciência de que eu não era a deusa, mas tinha sido apenas absorvido por ela, ludibriado por sua personalidade avassaladora. Agora estava de novo separado dela. Mas não retornei àquele corpo pálido tão desfalecido sobre o convés do barco sagrado. Eu estava no templo, estava na escuridão; mesmo assim, sabia estar no santuário interno.

Uma luz na escuridão. Olhei, e eis que a caverna estava cheia de luz e lá dentro estava a Senhora do Lótus.

Eu estava na porta da caverna interior, perto dela, ao alcance de seus olhos. Tentei escapar, tentei voltar – mas não podia. Tremia como jamais o fizera mesmo no pior dos horrores.

Pois ela permanecia em silêncio, olhos fixos em mim. E eu vi que estavam cheios de descontentamento. E aquela que tinha sido uma amiga meiga, mãe gentil, agora estava em sua majestade à minha frente, e eu sabia que havia desrespeitado a mais venerável divindade conhecida da humanidade.

– Foi para isso, ó Sensa, amado dos deuses, que você nasceu? Foi para isso que seus olhos foram abertos e seus sentidos iluminados para perceber? Você sabia que não; porém esses olhos abertos e esses sentidos ágeis ao menos serviram à sua senhora mostrando-se a quem e a que você tem servido. Você irá servi-la para sempre? Agora que você é um homem, escolha. Você caiu tão baixo que será um escravo para sempre? Vai, então! Vim para limpar meu santuário. Não mais tolerarei. Ficarei em silêncio, e o povo não mais saberá da existência dos deuses, mas serão ludibriados por lábios falsos e tentados pelas trevas. Vai! Ninguém mais entrará aqui. Eu fecharei a porta! O santuário emudece e não se ouve mais nenhuma voz. Permanecerei aqui só e em silêncio. Sim, através das eras residirei aqui calada, e o povo dirá que estou morta. Que assim seja! Nas eras futuras meus filhos surgirão de novo e destruirão as trevas. Vai! Você escolheu. Vai! Sua herança está perdida. Deixe-me em meu silêncio!

Ela ergueu a mão com um gesto para que a deixasse. Era tão imperativo, tão régio, que não podia desobedecer. Segui então cabisbaixo, com passos tristonhos para a porta exterior do santuário. Entretanto não podia abri-la; não conseguia passar; não podia mais avançar. Meu coração se convulsionava dentro de mim e me segurava. Caí de joelhos e gritei agoniado: – Mãe! Rainha e Mãe!

Passou-se um momento de silêncio horrível: eu esperava não sabendo bem o quê. Minha alma estava faminta e desesperada. Na escuridão e no silêncio, veio-me uma terrível memória. Vi no passado não só o prazer, mas as ações. Vi que tinha agido cegamente, aceitando o entorpecimento de minha alma como os homens aceitam o do vinho. E eu fizera o trabalho que me fora atribuído, em estupor, não pensando nele, mas em suas recompensas, em cada prazer que haveria de vir. Fora o porta-voz, o oráculo daquela alma negra que eu agora via e conhecia. O passado tornou-se tão terrível, tão presente, tão veemente em sua denúncia que de novo gritei no escuro: – Mãe! Salva-me!

Um toque em minha mão e em meu rosto. Ouvi uma voz em meus ouvidos e em meu coração: – Você está salvo. Seja forte. – E a luz veio a meus olhos, mas eu não podia ver, pois uma chuva de lágrimas lavava deles as assustadoras visões que tinham tido.

Capítulo 5

Não estava mais no santuário, senti o ar fresco no rosto. Abri os olhos e vi o céu acima de mim e as estrelas brilhantes em sua profundidade. Estava prostrado, sentindo um cansaço estranho. Fui despertado pelo som de mil vozes que pareciam gritar em meus ouvidos. O que poderia ser isto?

Levantei-me. Estava no meio do círculo de sacerdotes, dos dez sumos sacerdotes. Agmahd estava a meu lado; observava-me. Meus olhos estavam fixos em seu rosto e eu não podia desviar o olhar. Sem piedade, sem coração, sem alma! Já o havia temido? Esta sombra, este ser desumano? Mas não o temia mais. Olhei então para os sacerdotes. Li em seus rostos; estavam absorvidos, concentrados. Todos estavam sendo abocanhados e devorados por um profundo desejo, uma fome de gratificação, que nutriam como uma serpente junto ao coração. Não podia mais temer estes homens. Eu tinha visto a luz. Eu era forte.

Firmando-me sobre os pés, olhei em redor para a multidão que se aglomerava às margens do rio sob o céu claro. Entendi então as vozes estranhas que ouvira. Aquelas pessoas estavam enlouquecidas; algumas com o vinho, outras com o sexo, algumas num transe absoluto. Numerosos botes acumulavam-se na água; o povo dentro dos barcos fazia oferendas à deusa a quem adorava, e a quem esta noite havia visto, ouvido e sentido. O barco sagrado, no qual eu estava, se achava sobrecarregado e cheio de oferendas que o povo arrojara nele de pé desde seus barcos baixos, suas balsas, a nosso lado. Ouro, prata, jóias e vasos de ouro com gemas incrustadas. Agmahd olhava para essas coisas e eu vi um sorriso em seus lábios. Essas riquezas poderiam alimentar o templo, mas para si, desejava jóias muito diferentes, pelas quais batalhava. Repentinamente minha alma falou, sem que eu me desse conta.

Não podia mais ficar olhando, calado. Falei em voz alta e ordenei ao povo que me escutasse, e imediatamente um silêncio foi se espalhando pela multidão.

– Escutem-me, vocês que são adoradores da deusa. Qual a deusa de sua devoção? Não sabem distinguir pelas palavras que ela sussurra em seus corações? Olhem para o próprio interior, e se ela excitou seus corações com o calor abrasante da paixão, saibam que não é a verdadeira divindade! Pois não há verdade, exceto na sabedoria! Escutem, e lhes direi palavras que foram ditas no santuário, exaradas pelo espírito da luz de nossa Rainha-Mãe. Saibam que na virtude, nos pensamentos verdadeiros, nas ações sinceras, é que se pode encontrar a paz. Esta orgia tenebrosa seria um ambiente adequado para a deusa da verdade? São vocês seus adoradores que estão embriagados com vinho e paixão aqui a céu aberto? Vocês com palavras impiedosas, com canções frenéticas em suas bocas e pensamentos vergonhosos em seus corações, prontos para agir temerariamente? Não! Fiquem de joelhos, ergam as mãos aos céus e peçam àquele espírito benéfico, nossa Rainha de sabedoria, que se incline sobre vocês com seus braços amorosos, para perdoar sua falta de pudor, para ajudá-los num novo esforço. Ouçam-me! Vou rezar para ela, pois a vejo em seu esplendor. Repitam comigo as palavras que eu disser, e ela certamente os ouvirá, pois os ama, mesmo que a ofendam...

Uma explosão de melodia e numerosas vozes fortes cantando abafaram minha voz. Os sacerdotes começaram a cantar um hino magnífico. O povo, arrebatado por minha voz e palavras, havia caído de joelhos; agora, enlevado pela música, cantava o hino com fervor, e o som portentoso erguia-se majestosamente ao céu. Um forte perfume adocicado penetrava minhas narinas, o que me causou repugnância. Mas já havia causado seus efeitos. Senti meu cérebro entorpecido.

– Está em êxtase – disse Kamen Baka.

– Está louco, ouvi de outra voz – uma voz tão fria, tão enraivecida que mal a reconheci. Mas sabia que era Agmahd.

Esforcei-me por responder-lhe, pois estava inspirado em tudo que fazia por uma nova e estranha coragem, e não mais conhecia o medo. Mas logo o vapor estupefaciente fez seu trabalho. Estava como que adormecido, e em alguns segundos dormi.

Capítulo 6

Quando acordei estava em meu velho quarto no templo, aquele no qual meus primeiros terrores infantis me assaltaram.

Estava muito cansado, tão cansado que minha primeira sensação foi de uma exaustão completa que insensibilizava todo meu corpo. Fiquei deitado mais um pouco, pensando apenas em meu desconforto.

Então, subitamente, os eventos da noite anterior voltaram à minha memória. Foi como o nascer do sol. Eu a encontrara de novo, minha Rainha-Mãe, e fora tomado de novo sob sua proteção. Levantei-me, esquecendo minha dor e cansaço. Era madrugada, e pela alta janela a fraca luz cinzenta entrava levemente em meu quarto, que estava resplandecentemente decorado com materiais luxuosos e ricos brocados, cheio de coisas exóticas e belas, tal como o quarto de um príncipe. Mas por seu formato peculiar e pela janela alta dificilmente seria reconhecido como o quarto que em minha infância fora transformado num jardim de flores para meu agrado.

O ar lá dentro parecia pesado e abafado; desejei estar lá fora no frescor da manhã, pois senti que também precisava ser renovado e restabelecido com a força da juventude. E aqui, a atmosfera perfumada, os cortinados e o peso do luxo me deprimiam.

Ergui a cortina e atravessei a grande sala vizinha. Estava vazia e silenciosa, tal como o amplo corredor. Passei cuidadosamente pelos longos corredores até alcançar aquele no qual um portão se abria para o jardim. Pela grade de ferro podia ver o brilho da grama enquanto me aproximava. Ah! Aquele precioso jardim! Oh! Banhar-me naquela doce água do tanque de lótus!

Mas o portão de ferro estava trancado. Eu só podia espiar a grama, o céu e as flores, e beber a atmosfera suave através das aberturas estreitas. Subitamente vi Sebua aproximando-se por uma das passagens do jardim. Veio diretamente ao portão de ferro onde eu estava.

– Sebua!

Ah! Aí está você – disse ele em tom rude –. O homem e a criança são o mesmo. Mas Sebua não mais pode ser seu amigo. Falhei, e não devo tentar de novo. Irritei a ambos meus mestres quando você era pequeno, e não pude conservá-lo para nenhum. Assim seja! Que fique sozinho!

– Você não pode abrir o portão? – foi tudo que perguntei.

– Não, e duvido que ainda o abram para você. Que lhe interessa? Você não é o sacerdote favorito do templo, o mais querido, o mais estimado?

– Não, não mais. Já disseram que estou louco. Vão repeti-lo hoje.

Sebua olhou para mim sério. – Vão matá-lo! – exclamou numa voz baixa, cheia de ternura e compaixão.

– Não podem – respondi sorrindo. – Minha Rainha vai me proteger. Devo viver até falar tudo que ela desejar. Depois, não me importo mais.

Sebua ergueu sua mão de onde estava escondida nas dobras de sua veste negra. Segurava um botão do lótus, repousando sobre sua folha verde.

– Leve-o. É seu; fala numa língua que você entenderá. Leve-o, e que o Bem o acompanhe. Eu, que sou tolo, exceto no falar comum, mesmo assim posso ser um mensageiro valioso. E com isto me contento. Mas alegre-se, pois você pode ouvir e falar, aprender e ensinar.

Afastou-se imediatamente; e enquanto estivera falando passara-me a flor através de uma das aberturas apertadas da grade. Aproximei-a de mim cuidadosamente, e com ela nas mãos me senti feliz. Não necessitava mais nada.

Voltei a meu quarto e me sentei, ainda segurando a flor nas mãos. Foi o mesmo de há muito tempo, quando aquela criança sentava-se neste mesmo quarto, segurando um lótus e fixando seu centro. Tinha um amigo, um guia; uma união com aquela invisível Mãe da graça. Mas agora sabia o valor do que tinha; e daquela vez não. Seria possível que desta vez tudo seria tomado de mim tão facilmente? Por certo que não.

Pois agora podia entender essa linguagem. Naquele tempo nada me dizia, exceto de sua própria beleza; agora, abria-me os olhos e eu via; abriam-se os selos de meus ouvidos e eu ouvia.

Havia um círculo à minha volta tal como o que houvera quando ensinei inconscientemente no templo. Estes eram sacerdotes de branco, como aqueles que se ajoelharam e me veneraram, mas estes não se ajoelhavam; estavam de pé e me contemplavam com olhos profundos de compaixão e amor. Alguns eram velhos, rijos e fortes; alguns eram jovens e magros, com fisionomias luminosas. Olhei em volta admirado, cheio de esperança e alegria.

Sabia, sem que nenhuma palavra me tivesse sido dita, que fraternidade era esta. Estes eram meus predecessores, os sacerdotes do santuário, os videntes, os servos escolhidos da Rainha dos Lótus. Vi que haviam sucedido uns aos outros, mantendo sagradamente a guarda do santuário interno desde que fora escavado pela primeira vez na grande rocha, contra a qual repousava o templo.

– Você está pronto para aprender? – perguntou-me enfim um deles, cujo alento parecia-me ser haurido de eras há muito esquecidas.

– Estou pronto – disse eu, e ajoelhei-me no chão, no centro daquele estranho círculo sagrado.

Meu corpo caiu, mas meu espírito parecia planar. Ajoelhado, sabia ser sustentado em espírito por aqueles que me rodeavam. Doravante eles seriam minha fraternidade.

– Sente-se ali, – disse ele apontando para meu leito – e falarei com você.

Percebi então que estávamos sós. Ele se sentou ao meu lado e começou a falar, trazendo para o meu coração a sabedoria das eras mortas – sabedoria que ainda vive, para sempre, e ainda jovem, mesmo quando a raça de seus primeiros discípulos é somente uma lembrança. Meu coração se revigorou com o frescor desse antigo conhecimento e verdade.

Por todo aquele dia esteve sentado a meu lado, ensinando. À noite tocou minha testa com suas mãos e se foi. Quando me deitei para dormir, lembrei-me de que não havia visto ninguém senão meu mestre, desde ontem, nem havia comido coisa alguma. Mas não estava cansado com o aprendizado, nem fraco. Pousei minha flor a meu lado, e dormi calmamente.

Quando acordei estava sobressaltado, pensando se alguém tocara em minha flor. Mas estava só, e a flor estava segura. Havia uma mesa perto da cortina que separava meu quarto e sobre ela havia leite e bolos. Durante todo o dia anterior não me havia alimentado, por isso me alegrei ao ver aquela comida. Escondi a flor dentro de minha roupa e fui para a mesa. Bebi o leite e comi os bolos; e então, com uma nova força, voltei para o leito para meditar sinceramente sobre o que havia aprendido ontem, pois sabia que eram sementes douradas que deveriam dar frutos de glória.

Fiquei paralisado e meu coração cantou dentro de mim, pois novamente estava cercado pelo majestoso círculo. Aquele que me ensinara ontem me olhava sorridente, mas sem falar. Outro se aproximou, tomou minha mão e me levou até o leito. Fiquei a sós com ele.

Só, mas não de todo, nunca mais estaria totalmente só, pois ele tomou meu coração e minha alma e os mostrou para mim em sua nudez, não-abrandados por nenhuma santidade hipócrita. Tomou meu passado e me mostrou sua tenebrosa pobreza; aquele passado que poderia ter sido tão rico. Até hoje, parecia ter vivido na inconsciência. Agora estava sendo guiado através de minha própria vida, mais uma vez, sendo forçado a encará-la com uma visão clara. As câmaras pelas quais passei eram escuras e temíveis; algumas delas cheias de horrores, pois agora eu podia ver que fora vencido pela magia que eu mesmo interpretara para Kamen Baka. Tal como os outros, eu vivera para o desejo e sua satisfação. Inebriado nas alegrias do prazer e da beleza, estivera como que intoxicado, e não sabia o que fazia. Relembrando meu passado, vi o significado das palavras de Sebua que na época não compreendera. De fato, fui o querido do templo, pois quando meu corpo foi envolvido pelo prazer e amortecido até a saciedade, minha boca e minha voz se tornaram dóceis à vontade daquela lúgubre senhora. Através da minha força física, ela tornava conhecidos seus desejos e ganhava o serviço daqueles escravos que tinham se vendido apenas para sua própria gratificação. Pelo seu veemente e terrível espionar nas cavernas escuras das almas humanas, via os seus anseios, e pela minha palavra ela lhes mostrava como obter o que desejavam.

Enquanto estava lá sentado, estarrecido com as visões que passavam pela minha memória desperta, vi-me inicialmente, simples criança, aplacado pelo terror e abalado com o prazer. Vi a mim mesmo dentro do templo, em seu santuário interior, criatura indefesa, um mero instrumento manipulado impiedosamente. E depois, jovem, belo e bem disposto, prostrado inconsciente no convés do barco sagrado, erguendo-me no transe da inconsciência e proferindo palavras estranhas. E ainda depois, pálido e enfraquecido, instrumento sempre obediente, muito embora a alma estivesse começando a movimentar-se, desgastando o corpo com sua luta; e agora vi que a alma havia despertado, havia tocado sua Mãe, a Rainha da luz, e nunca mais poderia ser silenciada.

A noite veio, e meu mestre me deixou. Ninguém mais veio a meu quarto. Não me trouxeram comida alguma pela manhã, eu me sentia enfraquecido com as visões terríveis daquele curto dia. Estava determinado a ir procurar algo para comer. Ergui a pesada cortina que cobria o arco para o salão logo além. Havia uma porta maciça ali – como a que fecharia uma masmorra. Então compreendi que era prisioneiro e agora que me recobrara de minha fraqueza e hesitação, não teria mais comida. Agmahd vira que meu espírito tinha despertado, e estava determinado a sufocá-lo dentro de mim, preservando um simples corpo demolido, para seus propósitos.

Deitei-me, e cai no sono com o botão de lótus, já encurvado, sobre meus lábios.

Quando acordei, havia alguém a meu lado, que sabia ser meu novo mestre. Encontrei seu sorriso quando vi o círculo maravilhoso à minha volta. Levantei-me agradecido; procurei neles o encorajamento. Veio e sentou-se a meu lado, tomando minha mão.

Seu sorriso transmitia uma grande paz. Ele tinha morrido nesse quarto; morrera pela verdade. Chamava-me de irmão, e subitamente tomei consciência de que os primeiros anos de minha vida foram levados pelo vento, caíram, passaram para sempre. Precisava viver para a verdade, à luz do puro espírito, e nenhum sofrimento devia me amedrontar, e a partir do momento em que sua mão tocou a minha, eu soube que nenhum sofrimento jamais poderia me abalar. Até aquele momento a dor sempre me cegara de medo, mas agora sabia que podia enfrentá-la e agarrá-la com mãos fortes, sem desfalecer. Mergulhei no sono, aquela noite, num êxtase; não sabia se estava acordado ou se sonhava; mas sabia que este meu irmão, cuja vida física lhe fora arrancada no passado, havia colocado a força de sua alma de fogo na minha, e que jamais a perderia de novo.

Capítulo 7

Na manhã seguinte, quando abri os olhos, meu leito estava cercado pelo majestoso círculo. Olhavam-me intensamente, mas sem nenhum sorriso. Porém a ternura infinita que senti neles me deu força. Levantei-me e me ajoelhei ao lado do leito, pois percebi que algum grande momento se aproximava.

O mais jovem e célebre de todos eles deixou o círculo e se aproximou de mim. Ajoelhou-se a meu lado e juntou minhas mãos segurando o botão de lótus já murcho que estava sobre meu travesseiro.

Ergui os olhos – os outros tinham partido. Olhei para meu companheiro que estava em silêncio, e seus olhos me observavam. Como era jovem e belo! A terra não havia deixado marca nenhuma em seu espírito; eu sabia que a marca da terra ficaria sobre mim até que, com o passar do tempo, eu a tivesse limpado. Senti algum receio desse meu companheiro, pois era tão puro e imaculado...

Enquanto ficamos assim em silêncio uma voz macia tocou meu ouvido.

– Ainda não olhe para cima – ele sussurrou, ajoelhado a meu lado.

– Estrelas gêmeas do anoitecer, os últimos da longa linhagem de videntes que fizeram a sabedoria do templo e coroaram de glória a grandeza do Egito. A noite está próxima e as trevas devem cair e esconder a terra da beleza dos céus. No entanto, a verdade deverá ser deixada com meu povo, as crianças ignorantes desta terra. E cabe a você deixar para trás uma luz resplandecente, um sinal para todos os tempos, para o qual os homens olharão e pasmarão, nas eras futuras. O registro de nossas vidas e da verdade que lhe inspirou irá para outras raças, em outras partes da escura terra, para um povo que mal ouviu falar da luz, que nunca a viu.

Seja forte, pois sua obra é grandiosa. Você, minha criança de alma pura, não teve força para batalhar sozinha contra as crescentes trevas; mas agora, dê sua fé e pureza para este, cujas asas foram manchadas com as desonras da terra, mas que a partir do contato com as trevas reuniu força para a batalha que se aproxima. Lute até o fim pela sua Rainha-Mãe. Fale a meu povo a respeito das grandes verdades; diga a ele que a alma vive e é abençoada, a menos que a afoguem na degradação; diga-lhe que há liberdade e paz para todos que se libertarem dos desejos; que olhem para mim e encontrem repouso em meu amor; que o botão de lótus existe em cada alma, que se abrirá totalmente para a luz, a menos que envenenem suas raízes; que vivam na inocência e busquem a verdade; e eu virei e andarei no meio deles e lhes mostrarei o caminho para aquele lugar de paz, onde tudo é beleza e contentamento. Diga a eles também que amo meus filhos e que viria e residiria em seus lares e lhes traria aquele contentamento que vale mais que qualquer riqueza, até mesmo nesses seus corações que são da terra. Diga isto numa voz que seja um clamor de trombeta que não possa deixar de ser compreendido. Salve aqueles que escutarem e torne meu templo mais uma vez a morada do Espírito da Verdade. O templo deve cair, mas não na iniqüidade. O Egito deve cair, mas não na ignorância. Você ouvirá uma voz inesquecível, e as palavras desta voz serão a herança oculta das eras, e serão novamente ouvidas sob um outro céu – prenunciando a aurora que deve romper através da longa noite. Você, meu jovem, que é tão forte quanto fraco, prepare-se! A luta está em suas mãos; não fraqueje. Uma é a sua tarefa: ensinar o povo. Não receie que a sabedoria falte à sua língua. Eu, que sou Sabedoria, falarei em sua voz. Eu, que sou Sabedoria, estarei a seu lado. Erga a cabeça, meu filho, e reúna forças.

Ergui meus olhos e senti a mão de meu companheiro me amparando mais fortemente, ainda ajoelhado a meu lado. Entendi que ele desejava me encorajar a encarar a glória deslumbrante diante de meus olhos.

Ela estava diante de nós, e a vi como a flor vê o sol que a alimenta. Eu a vi sem disfarce nem véu. A bela mulher que consolara minhas lágrimas infantis estava imersa na divindade, e a glória de sua presença enchia minha alma com um ardor que me parecia ser a morte. Porém eu vivia; eu via e compreendia.

Capítulo 8

O jovem e belo sacerdote levantou-se e ficou a meu lado enquanto eu ainda contemplava a glória.

– Escute, irmão – disse ele. – Há três Verdades que são absolutas e não podem ser perdidas, mas podem permanecer em silêncio por falta de quem as expresse.

A alma do homem é imortal e o seu futuro é o futuro de algo cujo crescimento e esplendor não têm limites.

O princípio que dá a vida habita em nós e fora de nós; é imortal e eternamente benéfico; não é ouvido, nem visto, nem sentido pelo olfato, mas é percebido pelo homem que deseja a percepção.

Cada homem é o seu próprio absoluto legislador, produzindo para si glória ou trevas; é o decretador de sua vida, da sua recompensa e da sua punição.

Estas Verdades, que são grandes como a própria vida, são tão simples como a mais simples das mentes humanas. Alimente com elas os famintos. Adeus. É o entardecer. Virão buscá-lo; se apresse.

Ele se foi, mas a glória não se apagou de meus olhos. Vi a verdade e a luz. Continuei conservando a visão com meu olhar apaixonado.

Alguém me tocou. Acordei e imediatamente senti que havia chegado a hora da batalha. Eu me levantei e vi que Agmahd estava a meu lado. Estava muito sério, mas parecia menos frio do que usualmente; havia um fogo em seus olhos como nunca vira antes.

– Sensa, – disse ele numa voz baixa e cortante – está preparado? Hoje será a última noite do Grande Festival. Preciso de seu serviço. Da última vez que esteve conosco estava louco; sua cabeça estava tomada com a insensatez de seu próprio orgulho. Peço sua obediência agora, como já a deu antes, e hoje será necessário, pois um grande milagre deverá ser feito. Você deverá ficar passivo, ou sofrerá. Os Dez determinaram que, a menos que você obedeça como tem feito, deverá morrer. Você conhece demasiado de tudo o que sabemos para viver, a menos que seja um de nós. Sua escolha está à sua frente, bem simples. Resolva-se depressa.

– Já resolvi.

Ele olhava para mim muito compenetrado. Eu lia seu pensamento e via que ele esperava me encontrar abatido pela solidão, doente pelo jejum, com o espírito vencido. Ao invés disso, eu estava altaneiro, bem disposto, destemido; sentia que havia luz em minha alma e que o grande exército dos gloriosos me apoiava.

– Não temo a morte, e não serei mais instrumento de homens que estão matando a verdadeira religião do Egito, a grande e única religião da verdade, em benefício de suas próprias ambições e desejos. Vi e entendi os milagres e ensinamentos que deram ao povo. Não vou mais ajudá-los. É o que tenho a dizer.

Agmahd ficou silencioso, olhando-me. Seu rosto empalideceu e enrijeceu, como se cortado em mármore. Lembrei-me de suas palavras no santuário interior quando disse: – "Renuncio à minha humanidade". Vi que assim era, que a renúncia era completa. Não podia esperar nenhuma compaixão; lidava não com um homem, mas com uma sombra animada por uma vontade dominadora e absolutamente egoísta.

Depois de uma pausa momentânea, ele disse muito calmo:

– Assim seja. Os Dez ouvirão suas palavras e as responderão. Você tem direito de estar presente às suas deliberações; no templo, você tem a mesma importância que eu; será uma luta de força contra força, de vontade contra vontade. Advirto-o de que sofrerá.

Virou-se e se afastou com aquele passo lento e imponente que tanto me fascinou quando eu era criança.

Sentei-me no leito e esperei. Não estava com medo, mas não podia pensar ou refletir. Estava consciente da proximidade de um momento que exigiria toda minha força, permaneci então imóvel, sem pensar, guardando toda força que possuía.

Uma estrela se ergueu à minha frente, cintilante, tal como um lótus aberto. Tonto de excitação, levantei-me de um salto em sua direção. Ela se afastava de mim. Eu não queria perdê-la, e a segui ansiosamente. Passou pela porta de meu quarto para o corredor. Descobri então que a porta se abria a meu toque, mas não parei para imaginar por que estava destrancada; segui a estrela e sua luz, que momentaneamente se intensificou, e sua forma se definiu ainda mais; via as pétalas da flor branca real, e que de seu centro amarelo jorrava a luz que me guiava.

Rápida e ansiosamente segui o amplo e sombrio corredor; a grande porta do templo estava aberta, e a estrela passou por ela para o ar livre. Também saí pela porta do templo e encontrei-me na avenida das estranhas estátuas. De repente me dei conta de que havia uma presença fora dos portões, que reclamava a minha. Corri pela longa avenida com pés que não sabiam para onde me levavam; mas eu sabia que devia ir. Os grandes portões estavam trancados, mas uma grande multidão estava tão perto deles que me senti como se estivesse no meio dela. Estavam esperando pela grande cerimônia, o final glorioso do grande festival que hoje deveria ocorrer junto aos pórticos do próprio templo. Olhei para cima e vi a Rainha-Mãe a meu lado. Tinha na mão uma tocha flamejante, e eu sabia que esta luz havia formado a estrela que me guiara até aqui. Era ela então, a Luz da Vida, que me trouxera aqui. Sorriu e desapareceu num instante. Eu ficara sozinho com meu conhecimento. O povo, apinhado e mergulhado na ignorância, esperava junto aos portões para ser instruído pelos sacerdotes.

Lembrei-me das palavras de meu antepassado, meu irmão, que me dera as três verdades para o povo.

Falei em voz alta; minhas palavras me impulsionavam como se fossem ondas e minha emoção culminou num grande mar sobre o qual eu era erguido; e enquanto olhava para os olhos ansiosos e os rostos maravilhados à minha frente, sabia que o povo também estava sendo varrido por aquela forte maré. Meu coração transbordava encantado com as palavras ao declarar as grandes verdades que se tornaram as minhas próprias.

Por fim comecei a dizer-lhes como me havia incendiado com a tocha do sagrado, e que estava resolvido a entrar para uma verdadeira vida de devoção à sabedoria, descartando todo luxo que cercava a vida sacerdotal e pondo de lado, para sempre, todos os anseios que não pertencessem à alma. Gritei bem alto, conclamando a todos que sentiam a luz acesa dentro de si para entrar num caminho similar, mesmo em meio à sua vida da cidade ou nas montanhas. Disse-lhes que o fato de comprarem e venderem nas ruas não era motivo para que esquecessem completamente e afogassem a essência divina dentro deles. Pedi-lhes que queimassem pela luz do espírito os desejos grosseiros da carne, que obstaculizavam a verdadeira doutrina e os enviavam como um tropel de devotos ao sacrário da Rainha do Desejo.

Parei de repente sentindo um pesado cansaço. Percebi que alguém estava ao meu lado, que de fato estava cercado. Os Dez sumos sacerdotes formavam um círculo à minha volta. Kamen Baka me confrontava com os olhos fixos nos meus.

Exclamei em voz alta, no meio desse círculo:

– Ó povo do Egito, lembrem-se de minhas palavras! Talvez nunca mais ouvirão o mensageiro da mãe de nossa vida, a mãe do Deus da Verdade. Assim falou ela. Vão para as suas casas e escrevam as palavras dela sobre tábuas e as gravem nas pedras, para que as pessoas que ainda não nasceram possam lê-las e repeti-las para seus filhos, para que conheçam a sabedoria. Vão, e não fiquem para testemunhar o sacrilégio do templo, que esta noite será cometido. Os sacerdotes da deusa profanam seu templo com loucuras, luxúria e riquezas que satisfazem todos os desejos. Não dêem ouvidos às suas palavras, mas voltem para as suas casas e perguntem aos seus corações qual é o seu ensinamento.

Minha força se esvaiu. Não podia mais falar. De cabeça baixa e membros cansados, obedeci ao círculo ameaçador que me cercava e voltei em direção ao templo.

Em silêncio passamos pela avenida, entrando pelo portal. Lá dentro paramos. Kamen Baka voltou-se, olhando para a avenida.

– O povo murmura – disse ele.

Novamente nos adiantamos pelo grande corredor. Agmahd saiu por uma porta e ficou de frente para nós.

– Então é assim? – disse com voz alterada. Ele soube do que acontecera, interrogando o grupo.

– Que faremos? – disse Kamen Baka. – Ele traiu os segredos do templo e amotina o povo contra nós.

– Será uma grande perda – disse Agmahd – mas se tornou muito perigoso. Deve morrer. Estou certo, irmãos?

Um murmúrio passou de boca em boca, à minha volta. Todas as vozes estavam com Agmahd.

– O povo murmura nos portões – repetiu Kamen Baka.

– Vá até eles – disse Agmahd – e diga-lhes que esta é uma noite de sacrifício e que a própria deusa falará com sua voz.

Kamen Baka deixou o círculo, e Agmahd imediatamente tomou seu lugar.

Fiquei imóvel, sem dizer uma palavra. Vagamente percebi que meu destino estava selado, mas não sabia nem desejava perguntar de que modo deveria morrer. Sabia estar completamente indefeso nas mãos dos oito sacerdotes. Não havia como apelar de sua autoridade, e a multidão dos sacerdotes inferiores lhes obedecia como escravos. Eu, sozinho, estava indefeso em meio ao grupo e sob seu domínio absoluto. Não temia a morte, e achei muito digno da Rainha-Mãe que seu servo fosse até ela com toda alegria. Era meu último testemunho de amor na terra.

Capítulo 9

Fui levado para meu quarto e ali deixado só. Deitei-me e dormi, pois estava muito cansado, e sem medo algum; parecia que sobre minha cabeça estava o suave braço da Senhora do Lótus.

Mas meu sono foi curto. Estava mergulhado numa inconsciência profunda, confortável demais para se ter sonhos, quando fui despertado por uma vívida sensação de não estar mais sozinho. Acordei e me vi no escuro e no silêncio, mas reconheci o que sentia. Sabia estar cercado por numerosas pessoas. Esperei imóvel, olhos vigilantes, imaginando que presenças a luz me revelaria.

Então notei algo que jamais sentira. Não estava inconsciente, mas incapacitado, como que sem sentidos, ou desmaiado. Não era a imobilidade da indiferença ou da serenidade. Tentei levantar-me para pedir que trouxessem luzes, mas não podia me mover, tampouco articular qualquer som. Uma vontade forte batalhava contra a minha, tão forte que me dominava completamente. Mas lutei: não cederia. Estava determinado a não ser um escravo cego, sobrepujado na escuridão por um adversário invisível.

Tornou-se terrível esta luta pela supremacia. Tornou-se tão premente que percebi que era uma luta pela minha vida. O poder que me prostrava desejava matar-me. O que era, ou quem era que tentava levar o alento de meu corpo?

Finalmente – não sei quanto tempo esta luta intensa e silenciosa durou – a luz se acendeu à minha volta por todos os lados, com uma tocha sendo acendida em outra tocha. Enxergava pouco, pois meus olhos não estavam bem. Só vi que estava no grande corredor à frente da porta do grande santuário, deitado sobre o leito onde havia brincado com aquela estranha menina-fantasma que me ensinou o prazer pela primeira vez. Fiquei deitado, como se estivesse no meu próprio leito, dormindo. Como foi feito no cerimonial anterior, o leito agora estava coberto de rosas, grandes e vermelhas; milhares delas, sobre o leito e à volta dele, e seu perfume forte sobrepujava meus fracos sentidos. Eu estava vestido estranhamente, com uma leve roupa de linho branco bordada com hieróglifos em seda grossa de vermelho-escuro. A meu lado havia uma corrente de sangue que caía ao chão sobre as rosas. Fiquei olhando um pouco, por pura curiosidade, até que me veio à mente que era meu sangue que estava escorrendo.

Ergui os olhos e vi que estava cercado pelos Dez. Seus olhares estavam fixos em mim, e suas fisionomias eram implacáveis. Conheci então a terrível vontade contra a qual estivera lutando. Foi contra suas resoluções unidas. Seria possível eu sozinho lutar contra esse bando? Não sabia, mas não me dava por vencido. Com um grande esforço, me sentei sobre o leito. Já estava fraco, por estar exangue, mas não mais podiam manter-me calado. Fiquei de pé sobre o leito, e olhei acima deles para a assembléia dos sacerdotes, e ainda mais longe para o povo, que se espremia à porta do grande corredor para ver o prometido milagre.

Parei e pensei por um instante que teria força para falar, mas caí novamente na minha fraqueza. Mesmo assim, uma felicidade profunda, intensa e vivaz enchia minha alma e logo ouvi um murmúrio crescente, cada vez mais forte.

– Ele é o jovem sacerdote que ensinava no portal! Ele é bom, não deve morrer! Vamos salvá-lo!

O povo vira meu rosto e me reconhecera. Uma grande agitação surgiu em meio a um grande entusiasmo e a assembléia dos sacerdotes foi pressionada na direção do leito, de modo que os Dez foram impedidos de permanecer à volta dele. E quando a onda invasora se aproximou do santuário interno, muitos dos sacerdotes correram para o espaço que restava entre o leito e a porta. Enquanto eles passavam confusos e surpresos, vi que o vaso que continha minha vida havia virado, e o sangue se esparramava no portal do santuário. O portal se abriu, e Agmahd estava lá dentro; parecia majestoso em sua calma implacável. Ficou olhando para a multidão que se aproximava, com seu olhar frio. Os sacerdotes se acalmaram e reuniram coragem para suportar mais um pouco o avanço da multidão. Os Dez avançaram novamente e com dificuldade alcançaram o meu leito, procurando mais uma vez formar uma barreira ao redor dele.

Mas era tarde demais. Já algumas pessoas do povo haviam chegado a meu lado. Sorri fracamente para seus rostos rústicos e simpáticos.

Lágrimas escorriam por meu rosto e penetravam no meu coração. E subitamente um deles agarrou minha mão e beijou-a, umedecendo-a com quentes lágrimas. Certamente aquele toque animou meu sangue como nenhum outro! Então ouvi uma voz exclamar: – É meu filho! É meu filho que está morto. Foi assassinado. Quem me devolverá meu filho?

Era minha mãe que se ajoelhava a meu lado. Forcei minha visão evanescente para vê-la. Estava abatida e esgotada. Mas sua expressão era de dignidade. E atrás dela e acima, a Senhora do Lótus, de pé no meio do povo! Um caloroso sorriso aparecia em seus lábios.

Minha mãe se ergueu, e eu vi em seu rosto uma dignidade surpreendente:

– Mataram seu corpo, – disse ela – mas não mataram sua alma. E isto é certo, pois foi o que vi em seus olhos, no momento em que se fecharam para a morte.

Capítulo 10

E à minha audição fraca chegou o som de um grande suspiro que veio do coração do povo. E então soube que meu corpo não morrera em vão.

Mas minha alma vivia. Não só era forte, mas indestrutível. Já passara seu tempo de sofrimento naquela forma efêmera; tinha escapado do aprisionamento que a retivera por tanto tempo. Mas só para acordar novamente num outro templo, mais forte, belo e puro.

À medida que a grande multidão se avolumava, enfurecida pela resistência dos sacerdotes, comprimia-se ameaçadoramente, e algumas vítimas de seu furor caíam à minha volta. Próximo ao meu corpo, sem vida, jazia Agmahd, pisoteado até a morte pelas pessoas enraivecidas, e bem a meu lado, contra o leito, onde eu estava, morreu Malen. Enquanto eu flutuava ali na estranha consciência da alma, percebi aqueles espíritos maculados, enegrecidos pela luxúria e ambição que a Rainha do Desejo alimentara dentro deles, levados para aquele círculo de necessidade do qual não há escapatória. A alma de Agmahd voou apressada e violentamente como a passagem sombria de uma ave noturna, e Malen, aquele jovem sacerdote que me atraíra para a cidade, seguiu-o velozmente. Aquele que obediente às regras de sua ordem, preservou a pureza do corpo, estava negro por dentro com o desejo insaciável e incessante, e lá estava seu corpo, flor despedaçada, belo como um lótus quando pela primeira vez abre seu botão à superfície das águas claras.

Senti que minha Rainha-Mãe me segurava firmemente e com suavidade, para que eu não escapasse desta cena de terror, e me disse:

– Retorne à sua tarefa, ela ainda não terminou. Esta é a nova roupa que você usará, que será sua veste enquanto ensinar meu povo. Este corpo é sem pecado, sem mancha e belo, muito embora a alma que o habitou esteja perdida. Mas você é meu. Vir a mim é viver eternamente na verdade e no conhecimento. Esta é sua nova vestimenta.

Descobri que ainda estava forte, não só em espírito mas na vida física. Um novo vigor veio a. mim e meu cansaço foi esquecido. Levantei-me do lugar onde há apenas um minuto estava jogado, sem vida e então, oculto sob a égide de minha Rainha, olhei horrorizado a cena à minha volta.

– Vai, Sensa, vai em segurança – disse ela. – Você terá que viver nos corações do povo, será para eles imagem e símbolo da glória. Será novamente um mártir de minha causa para sempre lembrado com amor pelos filhos escuros de Chemi. Você morreu a meu serviço, mas ensinará pelas eras futuras em meio às ruínas deste templo; e mesmo que tenha de morrer por mim cem vezes, ainda viverá para ensinar minhas verdades desde o ádito do novo templo que se erguerá num tempo distante.

Saí correndo, passando desapercebido pela multidão furiosa e descontrolada. As estátuas na avenida foram jogadas ao chão, os portões do templo foram quebrados e destruídos.

Minha alma estava triste e clamava por paz. Olhei com olhos saudosos para a região tranqüila onde morava minha mãe camponesa, mas ela acreditava que seu filho estava morto. Não me reconheceria sob esta nova forma. Olhei para a cidade, agora desertada pelo povo enlouquecido.

Um clamor selvagem de mil gargantas irrompeu pelo ar. Olhando naquela direção, vi a vingança desenfreada de uma geração traída por seus mestres, caindo com força sobre o velho e glorioso templo. Já estava profanado, e seus guardiões pecaminosos sacrificados. Logo seria uma ruína.

Vaguei pelas ruas vazias da cidade, sabendo que ali onde eu havia bebido o prazer, deveria experimentar a alegria do servidor. Aqui minha voz deverá ser ouvida incessantemente. A verdade, há muito expulsa do templo degradado, deverá encontrar um lar no coração do povo, nas ruas da cidade. Um longo tempo deverá passar antes que meu pecado caia deixando-me sem mácula, puro, preparado para a vida perfeita pela qual trabalho.

❑ ❑ ❑

Desde então, eu vivo, eu mudo de corpo, e torno a viver, conservando minha consciência através das eras, que se sucedem.

O Egito está morto, mas seu espírito vive, e o conhecimento que era seu ainda é cultivado naquelas almas que se conservaram fiéis ao elevado e misterioso passado. Sabem que da profunda cegueira e desarticulação de uma era de descrença, erguer-se-ão os primeiros sinais do esplendor futuro. O que está por vir é mais grandioso, mais majestosamente misterioso que o passado. Pois enquanto toda vida da humanidade alça-se por progressos lentos e imperceptíveis, seus mestres bebem sua vida de fontes mais puras e levam sua mensagem do âmago da vida. O clamor já ressoou por todo o mundo. As verdades são ditas claramente. Despertem! Almas entrevadas da terra, que vivem com os olhos voltados para o chão, ergam esses olhos enevoados e deixem que entre a percepção! A vida contém mais que a imaginação do homem pode conceber. Enfrentem ousadamente este mistério, e peçam nos recantos obscuros de suas almas a luz para iluminar aqueles recantos da individualidade para os quais estiveram cegos durante mil vidas.

Muito embora uma terra de corpos morenos, o Egito está como uma flor branca em meio às gentes da terra, e os ledores dos hieróglifos, dos velhos escritos hieráticos, os professores e pensadores da atualidade não terão capacidade para macular as pétalas daquele grande botão de lótus do nosso planeta. Não conseguem enxergar a raiz do lótus, nem tampouco a luz do sol rebrilhando nas pétalas. Nada podem ver do botão real, nem podem desfigurá-lo com a jardinagem moderna, pois isto está muito acima do seu alcance. Este lótus cresce acima da estatura do homem e seu bulbo se alimenta nas profundezas do rio da vida.

Ele floresce num mundo de crescimento que o homem só pode atingir em seus momentos absolutos de inspiração, quando passa a ser mais que um homem. Portanto, muito embora seu caule vigoroso se erga do nosso mundo, não pode ser contemplado, nem adequadamente descrito, exceto por alguém que em verdade esteja tanto acima da estatura do homem que pode olhar para baixo, para a face da flor onde quer que brote, no Leste ou no obscuro Oeste. Ali lerá os segredos das forças controladoras do plano físico e verá escrita dentro dele a ciência da força mística. Aprenderá como expor as verdades espirituais e penetrar na vida de sua identidade superior; aprenderá também como conservar dentro de si a glória dessa identidade e ainda reter a vida nesse planeta tanto quanto for necessário; reter a vida no vigor da juventude até que sua obra esteja completa. Assim, terá ensinado as três verdades a todos que buscam a luz.

Comentários Sobre

O Idílio do Lótus Branco

Por T. Subba Row

Esta interessante história já atraiu a atenção de muitos, e é instrutiva em vários pontos. Representa verdadeiramente a fé egípcia e o sacerdócio egípcio quando sua religião começou a perder sua pureza, degenerando num sistema de culto tântrico, contaminado e aviltado inescrupulosamente por magia negra, usada para propósitos egoístas e imorais. É também provavelmente uma história real. Sensa representa o último grande hierofante do Egito. Como uma árvore que solta sua semente para que dela brote uma árvore semelhante, mesmo que pereça completamente, assim toda grande religião parece depositar sua vida e energia em um ou mais dos grandes Adeptos, destinados a preservar sua sabedoria e reviver seu crescimento em alguma época futura, quando o ciclo da evolução tenderá, no decurso de sua revolução, a trazer os resultados desejados. A grande e antiga religião de Khem está destinada a reaparecer neste planeta sob uma forma mais elevada e nobre quando o tempo certo chegar, e não há nada absurdo na suposição de que o Sensa de nossa história seja agora um alto Adepto, à espera de executar as ordens da Senhora do Lótus Branco.

Além dessas especulações, a história em questão tem uma nobilíssima lição para ensinar. Com seu aspecto alegórico, descreve as provações e dificuldades de um neófito. Não é fácil, porém, para o leitor comum, remover o véu da alegoria e entender claramente seus ensinamentos. É para ajudar tais leitores que passo a dar a seguinte explicação dos personagens que aparecem na história em questão e dos eventos a eles relacionados.

1. *Sensa*, o herói da história, representa a alma humana. É o *Kutastha Chaitanyam*, ou o germe de *Prajna*, em que a

individualidade do ser humano é conservada. Está relacionado com o elemento permanente e mais elevado do quinto princípio do homem. É o Ego ou a identidade da existência encarnada.

2 – *Sebua*, o jardineiro, é a intuição. "Eles não podem fazer um fantasma de mim", declara Sebua. E, assim dizendo, este personagem rústico, simplório, porém honesto, revela verdadeiramente seu próprio mistério.

3 – *Agmahd, Kamen Baka* e os outros nove sumos sacerdotes do templo, que são os devotos servos da deusa negra, representam respectivamente as seguintes entidades:

(1) *Kama*	Desejo
(2) *Krodha*	Ira
(3) *Lobha*	Ambição
(4) *Moha*	Ignorância
(5) *Mada*	Arrogância
(6) *Matsarya*	Inveja
(7, 8, 9, 10 e 11)	Os cinco sentidos e os seus prazeres

4 – Os personagens femininos que figuram na história são os seguintes:

(1) A deusa negra e misteriosa, venerada pelos sacerdotes.
(2) A menina que brincava com Sensa.
(3) A moça que ele encontra na cidade.
(4) A Senhora do Lótus Branco.

Deve-se notar aqui que a segunda e a terceira são a mesma. Falando da moça da cidade, a quem encontrou aparentemente pela primeira vez, Sensa diz que quando olhou em seus olhos suaves, pareceu-lhe conhecê-la muito bem e que seus encantos lhe eram familiares. Está claro, por esta afirmação, que a dama é aquela menina que corria pelo templo com ele.

Prakriti, dizem os filósofos hindus, tem três qualidades: *Satva, Rajas* e *Tamas*. A última dessas três está associada aos prazeres mais grosseiros e às paixões experimentadas no *Sthulasharira**. *Rajas* é a causa da atividade incessante da mente, ao passo que *Satva* está intimamente associada à inteligência espiritual do homem, e às suas aspirações mais nobres e elevadas. *Maya* então faz sua aparição nessa história sob três formas distintas. É *Vidya*, uma inteligência espiritual representada pela Senhora do Lótus Branco. É a *Kwan-yin* e a *Prajna* dos autores budistas. Ela representa a luz ou a aura do Logos, que é sabedoria, e é a fonte da corrente da vida consciente, ou *Chaitanyam*. A menina é a mente, e é por ela que Sensa é levado gradualmente à presença da deusa negra, estabelecida no santuário interno para a adoração do sacerdócio.

A deusa negra é *Avidya*, é o lado negro da natureza humana; deriva sua vida e energia das paixões e dos desejos da alma humana. O raio de vida e sabedoria, originalmente emanado do Logos e que adquiriu uma individualidade própria e distinta quando se estabeleceu o processo da diferenciação, é capaz de se transformar quase que inteiramente nesta verdadeira *Kali*, se a luz do Logos for totalmente excluída pelo mau carma do ser humano, se a voz da intuição for totalmente desprezada, e se o homem viver apenas com o propósito de satisfazer suas próprias paixões e desejos.

Tendo em mente estas observações, esclarece-se o sentido da história. Não é meu objetivo escrever aqui um comentário exaustivo. Somente apontarei alguns dos incidentes importantes e seu significado.

Encaremos Sensa como um ser humano que, depois de passar por diversas encarnações e por uma considerável quantidade de treinamento espiritual, nasceu mais uma vez neste mundo, com seus poderes espirituais de percepção grandemente desenvolvidos, e preparado para se tornar um

* Corpo Físico. (N. ed. bras.)

neófito, muito cedo na vida. Logo que entra no corpo físico, é colocado sob a guarda dos cinco sentidos e das suas emoções que têm o corpo como residência. A alma humana é primeiramente colocada sob a orientação de sua própria intuição – o simples e honesto jardineiro, por quem os sumos sacerdotes parecem não ter respeito nem afeição. E enquanto ainda não perdeu sua pureza original, a alma tem um relance de sua inteligência espiritual – a Senhora do Lótus Branco. Os sacerdotes, porém, estão determinados a não dar oportunidade para a intuição, tirando a criança de sua guarda e introduzindo-a junto à sua própria deusa negra, a deusa da paixão humana. De início, a simples visão dessa divindade é considerada repulsiva pela alma humana. A transferência proposta da consciência humana e do apego humano, do plano espiritual para o físico, é demasiado abrupta e prematura para ter sucesso. Os sacerdotes falharam em sua primeira tentativa e começam a conspirar mais uma vez no mesmo sentido.

Antes de passar mais adiante devo chamar a atenção do leitor para o que realmente representa o tanque de Lótus no jardim. Nos livros místicos hindus, o *Sahasrara chakram*, no cérebro, é freqüentemente chamado de tanque de Lótus. A "suave água rumorejante" deste tanque é descrita como *Amritam*[*] ou néctar. *Padma*, o Lótus Branco, dizem ter mil pétalas, tal como o misterioso *Sahasraram* dos iogues. É um botão fechado no comum dos mortais. Assim como o lótus abre suas pétalas e se expande em toda sua beleza quando o sol se ergue sobre o horizonte, lançando seus raios sobre a flor, assim também o *Sahasraram* do neófito se expande quando o Logos começa a jorrar sua luz sobre seu centro. Quando totalmente aberto, torna-se o glorioso trono da Senhora do Lótus, o sexto princípio do homem, e sentada sobre esta flor a grande deusa

[*] Veja o livro *Ísis Sem Véu*, de H.P. Blavatsky, Ed. Pensamento, SP, onde é abordado o simbolismo da água mágica.

gera as águas da vida e da graça para recompensa e regeneração da alma humana.

Os *hatha-iogues* dizem que a alma humana em *Samadhi* ascende a essa flor de mil pétalas através do *Sushumna* (o *dath* dos cabalistas), obtendo um vislumbre do esplendor do sol espiritual.

Nesta parte da vida de Sensa, relata-se um evento que exige nossa atenção. Um elemental, aparecendo sob a forma de um neófito do templo, tenta retirá-lo de seu corpo físico. Este é um dos perigos que um homem pode correr antes de adquirir proficiência suficiente como adepto para se guardar contra todos esses perigos, especialmente quando sua percepção interna estiver razoavelmente desenvolvida. O anjo da guarda de Sensa protege-o deste perigo devido à sua inocência e pureza.

Quando a atividade mental da criança começa, e absorve sua atenção, ela recua cada vez mais da Luz do Logos. Sua intuição não mais estará em condições de funcionar livremente. Suas sugestões aparecem misturadas a outros estágios da consciência que são resultados da sensação e da inteligência. Incapaz de ver Sensa e de falar-lhe pessoalmente, Sebua envia-lhe seu amado lótus sub-repticiamente através de um dos neófitos do templo.

A atividade mental principia pela sensação. As emoções aparecem depois. A abertura da mente da criança é convenientemente comparada a uma menina brincando com Sensa. Uma vez que a mente comece a exercitar suas funções, os prazeres da sensação logo pavimentam o caminho para as fortes e veementes emoções da alma humana. Sensa desce um degrau do plano espiritual quando perde a visão da sublime flor de lótus e de sua gloriosa deusa e começa a ficar encantado pela garotinha fútil. "Você vai viver entre as flores alimentadas pela terra", lhe diz a menina, iniciando a mudança que já ocorria. Inicialmente é a beleza simples da Natureza que cativa a atenção de Sensa, mas sua mente logo o leva para a deusa negra do sacrário. *Avidya* realmente reside no mental, e é impossível resistir à sua influência enquanto o mental humano não puder ser contido. Uma vez que a alma entre sob a influência desta deusa negra, os sumos sacerdotes do templo começam a utilizar seus poderes para seu próprio benefício e gratificação. A deusa requer um total de doze sacerdotes incluindo Sensa para promover sua causa. A menos que as seis emoções e os cinco sentidos sejam reunidos, ela não poderá exercer seu domínio completamente. Eles se apóiam e reforçam uns aos outros, como a experiência de cada um claramente demonstra. Isolados, são fracos e podem ser facilmente subjugados; mas, quando associados, seu poder combinado é forte o bastante para manter a alma sob controle. A queda de Sensa, agora, completa-se, mas não antes de receber uma bem merecida repreensão do jardineiro e uma palavra de advertência da Senhora do Lótus.

Dirigindo-se a Sensa, Sebua declara o seguinte: "Primeiro você veio para trabalhar, para ser meu criado; agora tudo mudou. Você deve brincar e não trabalhar, e devo tratá-lo como um principezinho. Bem! já o corromperam, eu creio, criança?" Estas palavras são muito significativas. Deve-se notar que da última vez que foi ao jardim, Sensa não foi levado ao tanque dos Lótus, mas a um outro tanque que recebia suas águas do primeiro.

Devido à transformação que sofreu, Sensa é incapaz de ver a Luz do Logos diretamente, mas necessita reconhecê-la pela ação de seu quinto princípio. É no fluido astral que ele flutua, e não nas águas mágicas do tanque do Lótus. Ele vê, não obstante, a Senhora do Lótus, que pateticamente lhe diz: "Logo você me deixará; e como posso ajudá-lo se você me esquece completamente?"

Depois disso, Sensa torna-se inteiramente um homem do mundo, vivendo para os prazeres da vida física. Sua mente desenvolvida torna-se sua companheira, e os sacerdotes do templo lucram com a troca. Antes de passar ainda mais adiante, devo despertar a atenção do leitor para a possibilidade de desviar de uma criança qualquer informação, invocando-se certos elementais e outras potências, por meio de ritos e cerimônias mágicas. Depois que a alma está completamente sob a influência da *Avidya*, pode sucumbir de vez à dita influência, e deixar-se absorver em *Tamas* de *Prakriti*, ou eliminar sua própria ignorância pela luz da sabedoria espiritual e lançar fora esta influência deletéria. Um momento crítico chega à história de Sensa, quando sua própria existência é imersa temporariamente na deusa negra da paixão humana, no dia do festival do barco. Tal absorção, mesmo que breve, é o primeiro passo em direção à extinção final. Ele precisa ou ser salvo nesta conjuntura crítica, ou perecer. A Senhora do Lótus Branco, seu anjo da guarda, faz uma tentativa final para salvá-lo, e o consegue. No próprio santuário interno, ela desmascara a deusa negra, e Sensa, percebendo a própria insensatez, reza por sua libertação do maldito jugo do odiado sacerdócio. Sua oração é atendida e, contando com o apoio da deusa luminosa, revolta-se contra a autoridade dos sacerdotes e dirige a atenção do povo para as iniqüidades das autoridades do templo.

É necessário dizer aqui algumas palavras no que tange à real natureza da morte da alma e o destino último do mago negro, para bem imprimir o ensinamento deste livro na mente do leitor. A alma, como já explicamos acima, é uma gota isolada no oceano da vida cósmica. Esta corrente da vida cósmica é apenas a luz e a aura do Logos. Além do Logos, há inumeráveis outras existências, tanto espirituais como astrais, participando de sua vida, e vivendo dentro dele. Estes seres têm afinidades especiais com emoções particulares da alma humana e características particulares da mente humana. Eles têm, certamente, uma existência individual definida própria, que dura até o fim do *Manvantara**. Há três maneiras pelas quais uma alma pode cessar de reter sua individualidade particular. Separada de seu Logos, que é como que sua fonte, pode não adquirir uma forte e bem estabelecida individualidade, e com o tempo pode ser reabsorvida na corrente da Vida Universal. Esta é a verdadeira morte da alma. Pode também se colocar em sintonia com uma existência elemental ou espiritual, evocando-a, e passar a concentrar sua atenção e seus olhares sobre ela, para fins de magia negra e rituais tântricos. Em tal caso, transfere sua individualidade para esta existência e é como que absorvida por ela. Nesse caso, o mago negro vive num tal ser, e como tal continua até o fim do *Manvantara*.

O destino de *Banasena* ilustra este ponto. Após sua morte, diz-se que viveu como *Mahakala*, um dos mais poderosos espíritos de *Pramadhagana*. Sob alguns aspectos, isto equivale a dizer que adquiriu a imortalidade no mal. Mas, diversamente da imortalidade do Logos, não vai além dos limites *manvantáricos* – leia-se o oitavo capítulo do *Bhagavad Gita* quanto a este assunto. O que quero dizer será esclarecido à luz do ensinamento de Krishna. O acontecimento no barco de Ísis, representado no livro que analisamos, dá alguma idéia da natureza desta absorção e da subseqüente preservação da individualidade do mago.

Quando o centro de absorção é o Logos e não algum outro poder, ou elemental, o homem adquire *Mukti*, ou *Nirvana,* e torna-se um com o eterno Logos, sem nenhuma necessidade de renascer.

---

* Um período de manifestação [do Universo], oposto ao *Pralaya* (repouso ou dissolução); termo aplicado a vários ciclos, especialmente a um Dia de Brahma, que compreende 4320000000 de anos solares e ao reinado de um Manu, equivalente a 306720000 *(A Doutrina Secreta,* H.P. Blaatsky, Volume II). Glossário Teosófico, Ed. Ground – São Paulo-SP. (N. ed. bras.)

A última parte do livro descreve o combate final da alma contra seus adversários inveterados, sua iniciação e libertação última da tirania de *Prakriti*.

A consolação e o conselho da Senhora do Lótus Branco a Sensa, no santuário interno, marca o grande ponto de inflexão na narrativa da sua trajetória. Ele percebeu a luz da Divina Sabedoria e se colocou sob sua influência. Esta luz do Logos, que é representada nesta história pela boa deusa da flor sagrada do Egito, é o elo de união e fraternidade que mantém a cadeia de intercâmbio espiritual e simpatia correndo pela longa sucessão dos grandes hierofantes do Egito, e estendendo-se a todos os grandes Adeptos deste mundo, que derivam seu influxo de vida espiritual da mesma fonte. É o Santo Espírito que sustenta a Sucessão Apostólica, ou *Guruparampara*, como os hindus a chamam. É esta luz espiritual que é transmitida de guru a discípulo, quando vem o tempo da verdadeira iniciação. A assim chamada "transferência da vida" nada mais é do que a transmissão desta luz. E mais, o Santo Espírito, que é como se fosse o véu ou o corpo do Logos e, portanto, sua carne e sangue, é a base da Comunhão dos Santos. Toda Fraternidade de Adeptos tem este elo de união; e o tempo e o espaço não pode rompê-lo. Mesmo quando há uma aparente quebra na sucessão, no plano físico, um neófito, seguindo a lei sagrada e aspirando a uma vida mais elevada, não ficará carente de assistência e conselho quando o tempo certo chegar, mesmo que o último guru tenha morrido vários milhares de anos antes de seu nascimento.

Todo Buda encontra, em sua última iniciação, todos os grandes Adeptos que atingiram o Budado durante as eras precedentes; e analogamente, todo tipo de Adeptos tem seu próprio elo de comunhão espiritual que os liga numa Fraternidade bem organizada. A única maneira possível e efetiva de entrar para uma destas Irmandades, ou compartilhar da santa comunhão, é aproximar-se da luz espiritual que se irradia do seu próprio Logos. Posso indicar também, sem me aventurar em pormenores, que uma tal comunhão só é possível entre pessoas cujas almas derivam suas vidas e sustentos do mesmo raio divino; e como sete raios distintos emanam do "Sol Espiritual Central", todos os Adeptos e *Dhyan Chohans* são divisíveis em sete grupos, cada um dos quais guiado, controlado e supervisionado por uma das sete formas ou manifestações da sabedoria divina.

Com relação a isso é necessário chamar a atenção do leitor para outra lei geral que regula a circulação da vida espiritual e da energia, através dos diversos Adeptos que pertencem a uma mesma Fraternidade. Cada Adepto pode ser considerado como um centro onde esta força espiritual é gerada e acumulada, e através do qual é utilizada e distribuída. Esta energia misteriosa é um tipo de "força elétrica" espiritual, e sua transmissão de um centro para outro apresenta alguns dos fenômenos relativos à indução elétrica. Conseqüentemente, há uma tendência para a equalização das quantidades de energia acumuladas nos vários centros. A quantidade do fluido neutro que existe em qualquer centro particular depende do carma do homem, da santidade e pureza de sua vida. Quando levado à atividade, colocado em comunicação com seu guru ou iniciador, torna-se dinâmico, e tem uma tendência de transferir-se para centros mais fracos. Por vezes afirma-se que, no tempo da Iniciação final, ou o Hierofante, ou o "recém-nascido", o mais *valioso* dos dois deve morrer*. Qualquer que seja a natureza real desta misteriosa morte, é devida à operação desta lei. Será visto mais adiante que um novo iniciado, se for fraco em energia espiritual, é fortalecido par-

* Ver p. 38, *The Theosophist*, novembro de 1882. (N. de Subba Row)

ticipando da santa comunhão; e para obter esta vantagem, ele deve permanecer na terra e utilizar esta força para o bem da humanidade até que chegue o tempo da libertação final. Isto é algo que se harmoniza com a lei do carma. A fraqueza original do neófito é devida a seus defeitos cármicos. Estes defeitos necessitam de um período mais longo de existência física. E este período ele deverá dedicar à causa do aperfeiçoamento humano, em compensação pelo benefício acima citado. Além disso, o bom carma acumulado neste período tem o efeito de fortalecer sua alma, e quando ele finalmente toma o lugar na Fraternidade Sagrada, traz consigo tanto capital espiritual quanto qualquer um dos outros, para levar a cabo a obra da sua Fraternidade.

Se estas poucas observações forem conservadas na memória, os incidentes relatados nos últimos cinco capítulos rapidamente revelam seu real significado. Quando Sensa ganha seu poder de percepção espiritual através de seu anjo da guarda, e começa a exercê-lo consciente e voluntariamente, ele não tem oportunidade de confiar na bruxuleante luz da intuição. "Agora, você deve ficar só", diz o jardineiro, e coloca-o de posse de sua bem-amada flor, cujo completo significado Sensa começa a compreender. Tendo assim obtido o trono da clarividência espiritual, Sensa percebe os hierofantes que o precederam, e em que Fraternidade ele entrou. O guru está sempre pronto, quando o discípulo está pronto. A iniciação que precede a luta final pela Liberdade da servidão da matéria é descrita claramente. O mais alto *Chohan* revela a ele os segredos da ciência oculta, e um outro Adepto da Fraternidade aponta-lhe a base e a natureza reais de sua própria personalidade. Seu predecessor imediato então vem assisti-lo e lhe revela o mistério de seu próprio Logos. "O véu de Ísis" é removido; o Lótus Branco, seu real Salvador, permanece oculto. A Luz do Logos entra em sua alma, e ele é submetido ao "batismo pelo Fogo Divino". Ele ouve as instruções finais dadas por sua Rainha e reconhece a tarefa lançada sobre seus ombros.

Seu predecessor, cuja alma é tão "branca e imaculada", tem ordem de conceder-lhe parte de sua energia e força espirituais. As três grandes verdades que subjazem a toda religião, por mais distorcidas e desfiguradas pela ignorância que estejam, são ensinadas a ele com o fim de serem proclamadas amplamente ao mundo.

Assim fortificado e instruído, Sensa prepara-se para a luta final. Durante estes estágios preparatórios, as paixões do homem material estão adormecidas, e Sensa é temporariamente deixado só. Mas elas não estão inteiramente subjugadas. A batalha decisiva ainda deve ser enfrentada e vencida. Sensa começa a penetrar na vida espiritual mais elevada, como pregador e guia espiritual dos homens, dirigido pela luz da sabedoria que invadiu sua alma. Mas ele não pode continuar este curso por mais tempo, antes que tenha vencido seus adversários. O momento da luta final da última iniciação logo chega. A natureza de sua iniciação é muito pouco compreendida. É por vezes representada em termos vagos assim como um terrível ordálio pelo qual um iniciado tem de passar, antes de se tornar um Adepto verdadeiro. É ademais caracterizada como o "batismo de sangue". Estas afirmações gerais não indicam com qualquer precisão a natureza do resultado a ser conseguido pelo neófito ou das dificuldades com que ele deve se defrontar.

É necessário inquirir a natureza da mudança psíquica, ou transformação que é supostamente efetuada por esta Iniciação antes de se penetrar em seu mistério. De acordo com a classificação vedanta comum, há quatro estados de existência consciente, a saber: *Vishwa, Taijasa, Prajna e Turiya.* Em linguagem moderna, estes podem ser descritos como: o objetivo; o clarividente, o extático e o ultra-extático, enquanto estados de consciência. Os tronos, ou *Upadhis* relacionados a estas condições, são: o corpo físico, o corpo astral, o *Karana Sharira* ou a mônada, e o Logos. A alma é a mônada. É como se fosse o ponto neutro da consciência. É o germe de *Prajna*. Quando completamente isolado, não experimenta nenhuma consciência. Sua condição psíquica é então comparada pelos autores hindus a *Sushupti* – a condição de um sono sem sonhos. Mas está sob a influência do corpo físico e do corpo astral, por um lado, e do sexto e sétimo princípios, por outro. Quando a atração dos primeiros prevalece, o *jiva* torna-se *baddha,* e fica sujeito a todas as paixões da existência encarnada. A força destas paixões enfraquece cada vez mais, à medida que o ponto neutro a que nos referimos acima se aproxima. Porém enquanto a barreira neutra não é cruzada, sua atração é sentida. Mas uma vez efetivada esta superação, a alma é colocada sob o controle e a atração do outro pólo – o Logos; e o homem torna-se liberto da servidão da materialidade. Em suma, ele se torna um Adepto. A disputa pela supremacia entre estas duas forças de atração tem lugar nesta barreira neutra. Mas, durante a luta, a pessoa que é o centro do interesse da batalha está numa condição quiescente, inconsciente, quase inerme, incapaz de ajudar seus amigos ou atingir duramente seus inimigos, mesmo sendo o resultado final uma questão de vida ou morte para si. Esta é a condição em que Sensa se encontra ao passar pelo último ordálio, e a descrição desta condição, nesta obra, torna-se clara à luz destas explicações. Pode-se ver facilmente que o resultado da luta dependerá principalmente da energia latente da alma, seu treinamento prévio e seu carma passado. Mas nosso herói passa bem-sucedido pela provação; seus inimigos são completamente destruídos. Mas Sensa morre na luta.

Estranhamente, quando o adversário é derrotado, a personalidade de Sensa é destruída no campo de batalha. Este é o sacrifício final que ele faz, e sua mãe, *Prakriti* – a mãe desta personalidade – lamenta sua perda, mas rejubila-se com a perspectiva da ressurreição de sua alma. A ressurreição logo tem lugar; sua alma se ergue da tumba por assim dizer, sob a influência vivificante de sua inteligência espiritual, para irradiar suas bênçãos sobre a humanidade e trabalhar pelo desenvolvimento espiritual de seus irmãos e semelhantes. Aqui se encerra a chamada tragédia da alma. O que se segue meramente se destina a trazer a narrativa, em seu aspecto quase-histórico, uma conclusão adequada.

Informações sobre Teosofia e o Caminho Espiritual podem ser obtidas na Sociedade Teosófica no Brasil no seguinte endereço: SGAS, Quadra 603, Conj. E, s/nº, L2 Sul, Brasília-DF - 70200-630. Fone (61) 3226-0662. Também podem ser feitos contatos pelo e-mail secretaria@sociedadeteosofica.org.br ou no site www.sociedadeteosofica.org.br.